AF453305

BIBLIOTHÈQUE MORALE

DE

LA JEUNESSE

PUBLIÉE

AVEC APPROBATION

Ce serait folie de préférer les biens de ce monde
à ceux de l'éternité

LES MARTYRS

DU JAPON

Par Victor DELCROIX

ROUEN

MÉGARD ET Cᵉ, LIBRAIRES-ÉDITEURS

1863

Les Ouvrages composant la **Bibliothèque morale de la Jeunesse** ont été revus et **ADMIS** par un Comité d'Ecclésiastiques nommé par MONSEIGNEUR L'ARCHEVÊQUE DE ROUEN.

———

L'Ouvrage ayant pour titre : **Les Martyrs du Japon**, a été lu et admis.

Le Président du Comité,

Picard

Archip. de la Métrop.

Avis des Éditeurs.

Les Éditeurs de la **Bibliothèque morale de la Jeunesse** ont pris tout à fait au sérieux le titre qu'ils ont choisi pour le donner à cette collection de bons livres. Ils regardent comme une obligation rigoureuse de ne rien négliger pour le justifier dans toute sa signification et toute son étendue.

Aucun livre ne sortira de leurs presses, pour entrer dans cette collection, qu'il n'ait été au préalable lu et examiné attentivement, non-seulement par les Éditeurs, mais encore par les personnes les plus compétentes et les plus éclairées. Pour cet examen, ils auront recours particulièrement à des Ecclésiastiques. C'est à eux, avant tout, qu'est confiée le salut de l'Enfance, et, plus que qui que ce soit, ils sont capables de découvrir ce qui, le moins du monde, pourrait offrir quelque danger dans les publications destinées spécialement à la Jeunesse chrétienne.

Aussi tous les Ouvrages composant la **Bibliothèque morale de la Jeunesse** sont-ils revus et approuvés par un Comité d'Ecclésiastiques nommé à cet effet par Monseigneur l'Archevêque de Rouen. C'est assez dire que les écoles et les familles chrétiennes trouveront dans notre collection toutes les garanties désirables, et que nous ferons tout pour justifier et accroître la confiance dont elle est déjà l'objet.

LES

MARTYRS DU JAPON.

I.

Le Japon. — Saint Ignace de Loyola et saint François Xavier.

Le Japon, situé à l'extrémité orientale de l'ancien monde, se compose de cinq grandes îles, Kiousiou, Sikokf, Yéso, Tarakaï, Niphon, et d'un grand nombre de petites. La dernière de ces cinq grandes îles a donné son nom à l'empire; car les indigènes appellent leur pays Niphon ou Nippon.

Le sol du Japon est montagneux et volcanique; il renferme des mines d'or, de fer, de cuivre, d'étain, et l'on y trouve même des pierres précieuses. La température, froide dans les montagnes, s'adoucit assez dans les plaines pour qu'on y cultive le riz, les épices, le thé, le coton et l'opium. L'exportation de ces marchandises donne une certaine activité au commerce du Japon avec l'Inde et la Chine, et il est à croire que ce commerce va prendre une grande extension, le Japon ayant récemment ouvert à l'Europe et à l'Amérique ses ports restés jusque-là fermés aux nations étrangères.

Les Japonais ne doivent pas être confondus avec les peuples ignorants et grossiers qu'on trouve souvent dans les contrées lointaines; ils sont intelligents, courageux, bons, affables et polis. Ils aiment les arts et les cultivent avec succès. Leur industrie manufacturière est arrivée à une grande perfection, et les Européens estiment fort les riches tissus, les porcelaines, les objets en laque qui viennent du Japon.

L'empire japonais surpasse la France en étendue et peut-être en population. Son chef, qui porte le titre de séogoun, exerce l'autorité de la manière la plus absolue. Il dispose à son gré de la vie, des biens de ses sujets, et leur impose ses croyances religieuses. Les principales villes du Japon sont Yeddo, qui en est aujourd'hui la capitale, Méaco, qui a longtemps joui de ce privilége, Ozaca, Sakaï et Nangasaki. L'empire est divisé en soixante-huit provinces, dont les gouverneurs portaient autrefois le titre de rois et se nomment maintenant daïmios.

Le Japon était encore presque inconnu des Européens, quand deux illustres apôtres, Ignace de Loyola et François Xavier, songèrent à y porter la lumière de l'Évangile.

Ignace, ou plutôt Inigo de Loyola, était un brillant gentilhomme qui menait à la cour du roi d'Aragon la vie des riches seigneurs de cette époque. Il aimait le jeu, les batailles et les aventures; mais Dieu, qui avait résolu d'en faire un des plus ardents défenseurs de la foi, menacée alors par les progrès du protestantisme, permit qu'il fût blessé grièvement au siége de Pampelune, en 1521.

Atteint d'un coup de feu aux deux jambes, condamné à une longue immobilité, et se voyant à tout jamais fermée la carrière des armes, Ignace fit de salutaires réflexions sur le néant de çe qu'il avait estimé et recherché jusqu'alors. Pour se distraire de cruelles insomnies, il avait d'abord eu recours à la lecture des romans de chevalerie. Sa vive imagination se complaisait à ces récits héroïques, mais son cœur n'y trouvait aucune consolation. Il les abandonna pour étudier et méditer la *Vie des Saints;* et quand il fut à peu près rétabli, sa résolution de servir son Dieu, comme il avait servi son prince, était irrévocablement fixée.

Il y avait dans le voisinage une chapelle de la Vierge, alors en grande vénération; il s'y rendit, y passa une nuit en prières, et pria la mère de Dieu de l'agréer pour son chevalier. Puis, après avoir fait une confession générale, il entra à l'hôpital de Manresa, pour y soigner les malades. Pendant qu'il les servait avec une patience et un dévouement sans bornes, il châtiait son corps par les jeûnes et les macérations.

Il jeûnait toute la semaine au pain et à l'eau, excepté les dimanches, où il mangeait un peu d'herbes cuites. Il se serrait les reins d'une chaîne de fer, il portait un rude cilice sous son habit de toile, il couchait sur la terre nue, passait sept heures à genoux et se donnait la discipline trois fois par jour. Il allait mendier son pain de porte en porte, laissait croître sa barbe et ses cheveux et affectait un air grossier, si bien que les enfants le montraient au doigt, lui jetaient des pierres et le poursuivaient dans les rues avec de grandes huées.

« Cependant le bruit ayant couru dans la ville qu'il pouvait bien être un homme de qualité qui faisait pénitence, il alla se cacher dans une caverne, sous une montagne déserte, à un quart de lieue de Manresa. Les mortifications excessives qu'il y pratiqua affaiblirent extrêmement sa santé et lui causèrent des faiblesses continuelles. Quelques personnes qui avaient découvert sa retraite l'y trouvèrent évanoui, le firent revenir de sa défaillance et le ramenèrent malgré lui à l'hôpital de Manresa, où il fut attaqué de la tentation de quitter le genre de vie qu'il menait et de s'en retourner chez lui. »

Pour échapper à cette pensée, il se retira chez les Dominicains; mais il n'y rencontra pas la paix qu'il espérait y trouver. En proie à une noire mélancolie, doutant de son salut et ne sachant quelle voie choisir, Ignace eut à lutter contre l'idée du suicide. Il se condamna de nouveau à jeûner rigoureusement jusqu'à ce qu'il se sentît plus calme; mais ses supérieurs le lui ayant défendu, il se soumit humblement, et Dieu, pour récompenser son obéissance, lui rendit la tranquillité.

Peu de temps après, il partit pour la terre sainte; ce pieux pèlerinage accompli, il revint en Espagne, pour étudier la théologie, avant de commencer à prêcher. Il se livra à cette étude avec la même ardeur qu'à ses mortifications; mais comme son génie voulait tout embrasser à la fois, il en résulta dans ses idées une confusion qui l'inquiéta. L'Université de Paris jouissait alors d'une réputation incomparable; il résolut d'y venir chercher la science dont il était avide. Il entra au collége Sainte-Barbe à l'âge de trente-trois ans.

Il y eut pour compagnons Pierre le Fèvre et François Xavier, sur lesquels l'austérité de sa vie, sa ferveur et son enthousiasme exercèrent bientôt la plus grande influence. Les trois amis s'associèrent quatre de leurs condisciples, Jacques Lainez, Alphonse Salmeron, Alphonse Bobadilla et Simon Rodriguez, qui tous avaient pour Ignace une vénération profonde.

Le 15 août 1534, ils se réunirent à l'église de Montmartre. Le Fèvre, qui avait reçu les ordres, célébra la messe, et ses compagnons firent entre ses mains les vœux de pauvreté et de chasteté, auxquels ils ajoutèrent celui de consacrer leur vie tout entière à convertir les infidèles.

Ignace, qui avait été homme de guerre, donna à cette société le nom de compagnie de Jésus, pour rappeler à ces nouveaux soldats qu'ils ne devaient reconnaître d'autre chef que le Sauveur du monde.

Après avoir achevé leurs études, les premiers Jésuites passèrent en Italie, où ils furent ordonnés prêtres. En 1540, ils présentèrent au pape le projet de leur institut, en ajoutant, comme quatrième vœu, le serment d'obéir en toutes choses au saint-siége, d'aller partout où le souverain pontife les enverrait, sans objection ni condition, sans salaire ni retard. Paul V approuva provisoirement la création de la compagnie de Jésus ; trois ans après, il en confirma les règlements et lui accorda de nombreux priviléges.

Jules III, successeur de Paul V, approuva de nouveau cet institut, « qui n'est établi, dit-il, que pour la défense et la propagation de la foi, pour l'avancement des âmes dans la vie chrétienne, pour prêcher et instruire en public, remplir tous les exercices spirituels, enseigner les éléments de la religion aux enfants et aux peuples, écouter les fidèles en confession, leur administrer les sacrements, consoler les affligés, réconcilier ceux qui sont divisés, visiter les prisonniers et les pauvres dans les hôpitaux, exercer toutes les œuvres de charité qui concourent à la gloire de Dieu et au bien public, en faisant tout gratuitement et sans recevoir aucune récompense. »

Les sept associés n'avaient pas attendu ces éloges pour commencer leur mission. A Rome et à Venise, ils prêchaient sur la place publique, comme dans les églises. « Comme ils avaient la mine étrangère, dit le père Bouhours, et qu'ils parlaient mal l'italien, le peuple, qui les prenait pour des tabarins et des saltimbanques, venus des pays éloignés, s'assemblait en foule autour d'eux. Mais quelquefois ceux qui ne s'étaient arrêtés que pour rire s'en retournaient en pleurant leurs péchés. »

Peu de temps après que Paul V eut approuvé les règlements de la nouvelle société, Jean III, roi de Portugal, ayant demandé des missionnaires pour les Indes Orientales, Ignace désigna Bobadilla et Rodriguez pour aller travailler à cette nouvelle vigne du Père de famille. Mais Bobadilla étant tombé malade au moment du départ, François Xavier fut chargé de le remplacer.

François, auquel le pape Urbain VIII décerna le glorieux titre d'apôtre des Indes, était né le 7 avril 1506, au château de Xavier, qui appartenait à sa mère. Il était le dernier d'un grand nombre d'enfants, dont les aînés avaient presque tous embrassé la carrière des armes; mais la haute considération dont jouissait son oncle, le docteur Navarre, décida sa famille à le laisser se livrer à l'étude, plutôt que de chercher fortune par l'épée.

Il se distingua par de merveilleux progrès à l'Université de Paris; il soutint ses thèses avec un grand éclat, et commença d'enseigner la philosophie au collége de Beauvais. Toutefois il habitait celui de Sainte-Barbe, et il avait pour voisins de chambre Pierre le Fèvre et Ignace de Loyola. Xavier faisait peu de cas de ces deux compagnons, auxquels il se croyait infiniment supérieur; et quand Ignace, qui avait formé le projet de le gagner à Dieu, lui adressait quelques exhortations, le jeune et brillant professeur s'en moquait ouvertement.

Ignace ne se rebuta pas. Xavier était plein d'orgueil et d'ambition; l'Espagnol résolut de le prendre par son faible. Il loua son esprit, lui chercha des élèves, et sembla n'avoir plus d'autre désir que de le faire valoir. Xavier, touché de se voir rendre ainsi le bien pour le mal, comprit qu'il ne devait pas juger Ignace sur les apparences; il l'étudia mieux et reconnut en lui un génie ardent, une âme enthousiaste, un courage, une vertu à toute épreuve.

Dès lors Xavier se détacha des grandeurs mondaines; il sentit que tous les biens et les honneurs qu'il avait entrevus dans ses rêves ambitieux ne pourraient remplir son cœur, et, à l'exemple d'Ignace, il prit pour sujet de ses méditations cette parole de l'Évangile : « Que sert à l'homme de gagner l'univers, s'il vient à perdre son âme? »

Décidé à vivre uniquement en vue du salut de cette âme si précieuse aux yeux de Dieu, il refusa un riche canonicat qui lui était offert à Pampélune, et, après avoir achevé sa philosophie, il étudia la théologie, toujours d'après l'avis d'Ignace, qu'il regardait comme son

père et son maître. En prononçant ses vœux dans l'église
de Montmartre, Xavier sentit naître dans son cœur un
désir ardent de donner sa vie pour la foi de Jésus-
Christ, et il se disposa au martyre par de grandes austérités et des macérations continuelles.

Ignace avait quitté Paris le premier, en donnant à ses
compagnons rendez-vous à Venise, au commencement
de l'année 1537.

Xavier tomba malade en route; on désespéra de sa
vie, et lui-même n'attribua sa guérison qu'aux prières
de ses confrères. Il était à peine rétabli, lorsqu'il arriva à Venise; cependant il se mit aussitôt à servir, le
jour et la nuit, dans l'hôpital des Incurables. Le pape
Paul III l'ayant admis à la prêtrise, il se prépara à l'or-
dination, en passant quarante jours dans une chaumière
abandonnée. Exposé aux injures de l'air, couchant sur
la dure, châtiant son corps, et ne vivant que d'un peu
de pain qu'il allait mendier aux environs, il priait Dieu
de le rendre moins indigne du saint ministère qui devait
lui être confié.

Après sa première messe, Ignace l'envoya à Bologne,
puis le rappela à Rome, et enfin le choisit pour la mission des Indes. Xavier reçut avec joie l'ordre de partir
pour ces terres lointaines, où l'appelait un ardent désir
de travailler à la conversion des infidèles.

Le pape le nomma son légat apostolique, et l'ambassadeur de Portugal l'emmena à Lisbonne, où il devait
s'embarquer. Pour qu'il fît commodément la route, on
lui avait donné un bon cheval; mais il s'en servit peu,
le mettant à la disposition de tous ceux qui en avaient
besoin. Il en descendait pour y faire monter les valets,
lorsqu'ils étaient fatigués; il se faisait le serviteur de

tous, donnait son lit à ceux qui n'en avaient point et allait coucher aux étables.

Rodriguez l'avait précédé à Lisbonne; le roi voulut les voir tous deux et leur fit donner un appartement dans son palais; mais ils demandèrent la permission de se loger à l'hôpital. Là, ils soignaient les malades, catéchisaient les enfants, et montraient tant de zèle et de piété, qu'on les pria de prêcher dans les églises. On accourut en foule pour les entendre, et le roi, informé des nombreuses conversions qu'ils opéraient, écrivit à Ignace pour lui demander l'autorisation de garder ces deux saints hommes qui faisaient grand bien dans son royaume. Ignace répondit que Rodriguez pouvait rester en Portugal, mais que Xavier devait aller aux Indes, où Dieu l'appelait.

François partit donc seul, sans vouloir accepter, de tout ce que le roi avait fait mettre à sa disposition, rien autre chose qu'un habit de gros drap et quelques petits livres de piété. L'intendant chargé de pourvoir à ses besoins le pressait de prendre au moins un valet; il s'y refusa.

— Vous ne songez donc pas, lui dit cet officier, qu'un légat apostolique ne peut laver son linge à bord d'un navire ni se préparer lui-même à manger.

— Soyez tranquille, répondit Xavier, mes deux mains me tiendront lieu de valet, et j'espère bien pouvoir servir les autres et moi-même sans déshonorer mon caractère.

Il tint parole; et loin d'avilir sa dignité, il s'acquit la confiance et la vénération de tout l'équipage. Il se faisait tout à tous pour les gagner tous à Jésus-Christ; et, pour y réussir, il étudiait ce qui pouvait convenir à chacun en particulier. Il parlait marine avec les matelots, négoce avec les marchands, guerre avec les soldats, actions d'éclat avec les officiers. Son caractère enjoué, sa belle humeur, son esprit vif et agréable, sa complaisance inaltérable le faisaient aimer de tout le monde, même des plus libertins et des plus grossiers. Il instruisait chaque jour les matelots et prêchait tous les dimanches près du grand mât; on l'écoutait comme on eût écouté Dieu lui-même, et sa présence avait banni de la flottille les querelles, les blasphèmes et les propos licencieux.

Don Alphonse de Souza, qui allait aux Indes, en qualité de vice-roi, voulut que Xavier vécût à sa table; l'apôtre le supplia de ne pas donner suite à ce désir. Un scorbut de la plus maligne espèce ayant affligé l'équipage, Xavier se fit le serviteur et le consolateur des malades; il veillait sur eux jour et nuit avec une tendresse toute paternelle; et comme lui-même était très-souffrant, le vice-roi lui fit donner une chambre spacieuse; mais il y installa ses malades, ne se réservant pas d'autre lit que le pont du navire, pas d'autre oreiller que les cordages roulés au pied des mâts.

Après une longue et pénible traversée, la flotte arriva aux Indes le 6 mai 1542, et prit terre à Goa, résidence du vice-roi. Xavier se logea aussitôt à l'hôpital et commença à se faire connaître par des œuvres de miséricorde. Il seignait les malades, surtout les lépreux, allait mendier pour eux par la ville et passait des hospices aux prisons, où il trouvait de grandes misères à soulager. Il parcourait ensuite les rues, une sonnette à la main, pour avertir les pères de famille d'envoyer au catéchisme leurs enfants et leurs esclaves. Il les instruisait avec une patience et une bonté admirables, et, non content de ces exhortations publiques, il allait dans les maisons, pour tâcher de ramener à la religion tous ceux qui en avaient oublié les principes. Ses charitables efforts furent couronnés de succès, la colonie portugaise changea de face, et Xavier songea à porter plus loin la lumière de sa sainte parole.

Partout la charité fut sa compagne et son aide; il lui dut l'amour des gentils, et leur confiance lui étant acquise, il en profita pour les convertir. « Je n'entends point la langue de ces peuples, écrivait-il, ils n'entendent point la mienne, et je n'ai point de truchement. Tout ce que je puis faire, c'est de baptiser les enfants et de servir les malades, qu'on entend très-bien sans le secours d'aucun interprète, pourvu qu'on voie ce qu'ils souffrent. »

Il répandait sur sa route tant de bienfaits, qu'on se pressait autour de lui et que, Dieu lui ayant ensuite accordé la grâce de comprendre et de parler la langue des Indiens, il se vit sur le point de succomber à la fatigue d'instruire et de baptiser.

« Il me vient souvent en pensée, écrivait-il alors, de parcourir les académies de l'Europe, principalement celle de Paris, et de crier de toutes mes forces à ceux qui ont plus de savoir que de charité : « Ah ! combien « d'âmes perdent le ciel et tombent dans les enfers par « votre faute ! »

« Il serait à souhaiter que ces gens s'appliquassent à la conversion des âmes comme ils font à l'étude des sciences.... Ils renonceraient à leurs passions, et, foulant aux pieds les vanités de la terre, ils se mettraient en état de suivre tous les mouvements de la volonté di-

vine. Ils diraient même de touté leur âme : « Me voici ,
« Seigneur, envoyez-moi où il vous plaira, même aux
« Indes, si vous le voulez. »

« Mon Dieu! que ces savants vivraient beaucoup plus
contents qu'ils ne vivent! Que leur salut serait plus en
assurance! Et qu'à la mort, tout prêts à subir le terrible jugement que personne ne peut éviter, ils auraient
sujet d'espérer en la miséricorde divine, parce qu'ils
pourraient dire : « Seigneur, vous m'aviez donné cinq
« talents, et en voici cinq autres que j'ai gagnés par-
« dessus. »

« Je prends Dieu à témoin que, ne pouvant retourner en Europe, j'ai presque résolu d'écrire à l'Université de Paris, nommément à nos maîtres Cornet et Picard, pour leur déclarer que des millions d'idolâtres se
convertiraient, s'il y avait beaucoup de personnes qui
cherchassent les intérêts de Jésus-Christ, et non pas les
leurs. »

Ignace de Loyola lui envoya trois nouveaux religieux
de sa compagnie , et Xavier put étendre le cercle de ses
travaux évangéliques. Il nous serait impossible de raconter tout ce qu'il entreprit pour la gloire de Dieu, et
de dire combien il se fit chérir de toutes les populations
qu'il instruisit. On ne l'appelait partout que le *saint
père*. Les pauvres, les malades venaient à lui; il soula-
geait les uns, guérissait les autres. La vue des miracles
qu'il opérait donnait à sa parole une autorité toute divine.

Il était à Malacca, lorsque des vaisseaux portugais qui
venaient de la Chine, y amenèrent un Japonais, nommé
Anger, que le désir de voir Xavier avait décidé à s'embarquer. Anger était riche et de noble origine; il avait

eu une jeunesse orageuse, dont le souvenir le troublait parfois, quoi qu'il pût faire pour l'éloigner de son esprit. Un Portugais avec qui il avait fait connaissance lui conseilla de faire le voyage des Indes pour voir le père Xavier, dont on racontait des merveilles. Anger hésitait encore; mais ayant tué un homme dans une querelle, il se vit dans la nécessité de fuir et se laissa conduire à Malacca.

Xavier lui fit un accueil paternel; il l'embrassa, le consola, lui promit que Dieu lui rendrait la paix; et comme Anger comprenait un peu le portugais, il lui enseigna les principes de la religion. Le Japonais se montra docile, et consentit à aller, avec ses deux valets, achever de s'instruire au collége de Saint-Paul, à Goa, où Xavier lui promit de le revoir bientôt.

Dès que le saint missionnaire fut arrivé dans cette ville, après avoir visité plusieurs des pays où il avait prêché l'Évangile, il s'occupa d'Anger et de ses deux serviteurs, qu'il trouva pleins de ferveur et désirant ardemment le baptême. François pria l'évêque Jean d'Albuquerque de leur conférer ce sacrement, voulant que le premier pasteur de l'Église des Indes reçût les prémices de la conversion des Japonais.

Anger prit le nom de Paul de Sainte-Foi; l'un de ses valets se nomma Jean, l'autre Antoine. Ils firent, après leur baptême, une retraite de trente jours, pendant laquelle ils édifièrent tellement Xavier, que ce saint homme ne pouvait, disait-il, les voir ou les entendre sans rougir de sa négligence à servir Dieu. Anger pensait souvent à ses compatriotes plongés dans les ténèbres de l'idolâtrie, et il s'écriait, au milieu de ses prières : « O mes chers Japonais, que vous êtes à plaindre et que votre aveuglement me fait pitié !...»

Il en parlait aussi à Xavier ; il lui disait que les Japonais, naturellement curieux, avides de savoir, dociles et capables de discipline, écouteraient volontiers les prédicateurs de la religion chrétienne, que la vérité de cette religion les frapperait, et que si les missionnaires qu'on enverrait dans leur pays vivaient selon les maximes évangéliques, la nation se convertirait tout entière.

Les Portugais confirmèrent ce que Paul de Sainte-Foi disait de ses compatriotes, et Xavier conçut un vif désir de conquérir ce peuple à Jésus-Christ. Mais pour rendre cette tâche plus facile, il engagea les trois Japonais à étudier la langue portugaise, afin qu'ils pussent lui servir d'interprètes, et traduire en leur propre langue les saintes Écritures.

Pendant ce temps, le saint homme alla revoir plusieurs des peuples qu'il avait convertis, puis il annonça l'intention de passer au Japon. Ses amis firent tout ce qui dépendait d'eux pour l'en détourner. Ils lui représentèrent la longueur du chemin, le danger d'être pris par les pirates, d'échouer contre les écueils dont les côtes du Japon sont bordées, ou d'être enlevé par les tourbillons impétueux qui règnent dans ces mers.

Xavier écouta toutes ces raisons et bien d'autres encore ; il répondit d'abord en riant qu'il ne serait sans doute pas plus malheureux que ceux des capitaines de sa connaissance qui avaient déjà fait le voyage du Japon, puis il ajouta d'un ton plus sérieux :

— En vérité, je m'étonne que vous vouliez m'empêcher d'aller pour le bien des âmes où vous allez pour un petit gain temporel, et je vous avoue que j'ai honte de votre peu de foi. Mais j'ai honte aussi d'avoir été prévenu, et je ne puis souffrir que les marchands aient eu plus de courage que les missionnaires. N'aurais-je pas tort d'ailleurs de me méfier de la Providence? Elle ne m'a pas miraculeusement préservé tant de fois pour m'abandonner dans les périls qui m'attendent.

Il écrivit à saint Ignace pour l'informer de son projet : « Je ne puis vous exprimer, lui dit-il, avec quelle joie j'entreprends un si long voyage; car tout y est plein d'extrêmes dangers; et qui de quatre navires en peut sauver deux croit avoir fait une navigation très-heureuse. Quoique ces périls soient bien au-dessus de tout ce que j'ai essuyé jusqu'à cette heure, je n'ai garde de quitter mon entreprise, tant Notre-Seigneur me dit intérieurement que la croix produira là de grands fruits, dès qu'elle y sera une fois plantée. »

Il écrivit en même temps au père Simon Rodriguez, qu'il avait laissé en Portugal : « Il est arrivé ici des navires de Malacca, qui confirment que tous les ports de la Chine sont armés et que les Chinois vont faire une guerre ouverte aux Portugais. Je n'en irai pas moins au Japon, car je ne vois rien de plus agréable et de plus doux en ce monde que de vivre dans des périls continuels pour l'honneur de Jésus-Christ et pour les intérêts de la foi. Aussi est-ce le propre du chrétien de trouver plus de plaisir dans la croix que dans le repos. »

Après avoir tracé d'excellentes règles de conduite aux missionnaires qu'il laissait dans les Indes, Xavier s'embarqua pour Cochin, d'où il devait se rendre à Malacca, puis au Japon. Il emmenait Paul de Sainte-Foi et ses deux serviteurs.

II.

Xavier était encore à Malacca, lorsqu'il apprit qu'un des rois du Japon demandait au gouverneur des Indes des missionnaires chrétiens, qui pussent l'instruire dans une religion dont les Portugais lui avaient dit des merveilles. Cette nouvelle redoubla l'ardeur du saint homme ; comme les navires européens qui se disposaient à aller au Japon ne s'y rendaient pas directement, il s'embarqua sur la jonque d'un pirate chinois, si connu par ses brigandages, qu'on n'appelait ce petit navire que la *Jonque du Voleur.*

A peine le pirate eut-il pris la mer, qu'on éleva, par son ordre, un autel à ses faux dieux, et qu'on les consulta sur le sort de la traversée. Les matelots crurent reconnaître qu'un vent favorable leur était promis ;

mais ayant interrogé ensuite leurs idoles pour savoir si le navire aurait un heureux retour, il leur fut répondu qu'ils ne reverraient jamais Malacca. Dès lors ils ne firent plus que chercher à gagner du temps en prolongeant leur séjour dans toutes les îles où ils abordaient.

Ces superstitions et ces retards affligeaient beaucoup nos missionnaires ; cependant ils prenaient patience, quand d'affreuses tempêtes vinrent assaillir leur vaisseau. Dans une de ces tempêtes, un jeune chrétien chinois que Xavier menait avec lui fit une chute dans la cale et fut grièvement blessé. Pendant qu'on le pansait, la fille du pirate tomba à la mer et ne put être sauvée. Le père, désespéré, consulta le sort pour connaître la cause de la mort de cette enfant chérie ; l'oracle ayant répondu que si le jeune chrétien avait péri, elle eût été préservée, le capitaine voulut jeter François et ses compagnons à la mer. Il ne l'osa pas ; mais il prit la route de Canton, et ce fut malgré lui que le vent le poussa dans la mer du Japon.

Xavier et ses compagnons abordèrent à Cangoxima le 15 août 1549.

Le Japon était alors divisé en un grand nombre de petites souverainetés, après avoir été longtemps gouverné par un empereur qu'on nommait le daïri, et qui, selon l'opinion du peuple, descendait des Cama, ou fils du Soleil. Les Japonais étaient idolâtres et adoraient, entre autres divinités, les Cama, ses anciens rois, et les Fotoca, dieux de la Chine.

Cangoxima dépendant du roi de Saxuma, qu'Anger avait connu avant de quitter le Japon, Xavier engagea ce disciple à aller trouver le prince et à tâcher d'obtenir de lui bon accueil. Le roi revit Anger avec beaucoup de plaisir, lui pardonna le meurtre pour lequel il avait été obligé de quitter le Japon, et l'interrogea sur les pays qu'il avait parcourus. Anger ayant parlé des Indes, le roi voulut savoir si les Portugais étaient aussi braves et aussi puissants qu'on le disait, et s'il était vrai que leur religion fût beaucoup plus belle que celles des peuples de l'Asie.

Le nouveau converti profita de l'occasion pour exposer en abrégé la doctrine du Christ; et le roi paraissant l'écouter avec intérêt, il lui montra un petit tableau de la Vierge tenant entre ses bras l'enfant divin. Le tableau était peint avec art, le roi l'admira beaucoup, et, trouvant que la vierge Marie avait quelque chose de céleste, il s'agenouilla devant elle, ainsi que ses courtisans.

Il ordonna ensuite qu'on portât cette belle peinture chez la reine sa mère, qui n'en fut pas moins charmée que lui-même. Elle voulut voir le Japonais à qui ce tableau appartenait, et le pria de lui raconter la vie de la Madone et de l'Enfant qu'elle admirait. Paul de Sainte-Foi ne se fit pas prier; il mit tant de feu dans son récit, que la reine en demeura très-préoccupée pendant plusieurs jours, et qu'elle le fit prier, par un de ses officiers, d'écrire pour elle un abrégé des mystères de la foi chrétienne. Elle demandait aussi une copie de l'image sainte; mais on ne trouva pas de peintre pour la reproduire.

Les heureuses dispositions du roi et de la reine de Saxuma engagèrent Xavier à se livrer avec ardeur à l'étude de la langue japonaise. Il la comprenait déjà un peu; mais il ne pouvait encore la parler. « Nous redevenons enfants, écrivait-il, et toute notre occupation est d'apprendre les premiers éléments de la langue japonaise. Dieu nous fasse la grâce d'imiter l'innocence et la simplicité de l'enfance, aussi bien que nous en pratiquons les exercices ! »

Au bout de quarante jours d'étude, il put traduire en japonais l'explication du Symbole des Apôtres, et il alla demander au roi l'autorisation de prêcher. Il fut reçu à la cour de Saxuma avec les plus grands égards, et la permission qu'il désirait lui fut accordée. Le peuple se réunit en foule pour entendre cet homme qui venait des terres lointaines, à travers mille périls, non pour amasser des richesses, mais pour annoncer une religion inconnue.

Le premier qui demanda et qui reçut le baptême fut un homme pauvre et de basse condition, « commé si Dieu eût voulu que l'Église du Japon n'eût pour fondements que l'abjection et la pauvreté, ainsi que l'Église universelle. »

Le saint apôtre des Indes désirait ardemment convertir quelqu'un des docteurs de la religion japonaise, ou du moins s'assurer de leurs dispositions. Il se fit donc présenter au chef des bonzes ; c'était un vieillard de quatre-vingts ans, qui jouissait d'une telle réputation, qu'on l'avait surnommé Ningit, c'est-à-dire le Cœur de la vérité. Xavier gagna promptement sa bienveillance ; ils eurent ensemble de longues conférences, à la suite desquelles Ningit loua le grand savoir du docteur étranger ; mais il ne se montra nullement disposé à embrasser ses croyances.

Toutefois, les bonzes, voyant l'estime que leur chef avait pour le père François, écoutaient volontiers ses prédications ; avant la fin de l'année, il y en eut deux qui demandèrent le baptême. Leur exemple entraîna un grand nombre de Japonais; mais les autres bonzes, effrayés de penser qu'à la suite de ces conversions, leurs temples seraient déserts, se déclarèrent tout à coup contre Xavier, et l'accablèrent publiquement d'injures et de mépris.

Cette conduite n'eut pas le succès qu'ils en attendaient : les Japonais comprirent que leur intérêt seul leur conseillait d'agir ainsi, et ils les invitèrent à démontrer par de bonnes raisons que la doctrine de celui qu'ils accusaient d'imposture était réellement fausse. Mais ce qu'on leur demandait là était difficile ou plutôt impossible ; les pères continuèrent à faire des prosélytes, et la rage des bonzes s'en augmenta.

Ils choisirent les plus savants et les plus considérés d'entre eux pour les envoyer en ambassade au roi de Saxuma, afin de le menacer de la colère de leurs idoles, s'il laissait triompher la foi des Européens.

L'ambassade se rendit au palais, et celui qui en était le chef parla ainsi au roi :

— Seigneur, nous venons au nom de Xaca, d'Amida et des autres divinités du Japon, te demander en quel lieu du monde tu veux qu'ils aillent chercher des temples et des adorateurs, puisque tu les chasses de ton royaume, qui est le leur, pour y recevoir un Dieu étranger, dont l'orgueil ne souffre ni supérieur ni égal.

— Mais, objecta le roi, cette doctrine étrangère me paraît juste et bonne.

— Es-tu donc l'arbitre de la religion et le juge des dieux? demandèrent les bonzes. Tu es roi, mais tu n'es pas docteur de la loi, et tu ne prétends pas sans doute être plus éclairé que tous ceux qui ont adoré et qui adorent encore les Cama et les Fotoca ? Sache bien que c'est des dieux que tu tiens ta couronne, et que si tu oublies la reconnaissance que tu leur dois, ils susciteront contre toi des ennemis puissants qui les vengeront, en te renversant du trône.

Le roi fut frappé de cette menace, qui lui parut recevoir déjà un commencement d'exécution, les navires portugais ayant pris cette année-là la route de Firando, où régnait son ennemi, plutôt que d'aborder comme d'habitude à Cangoxima. Il avait accueilli les Pères dans l'espoir de nouer avec leur nation des rapports commerciaux, qui l'enrichiraient, lui et ses sujets ; aussi, voyant son attente trompée, il accorda aux bonzes tout ce qu'ils voulurent, et défendit, sous peine de mort, d'embrasser la religion des Européens.

En même temps il ordonna aux deux docteurs étrangers de sortir de ses États. Xavier et Fernandez, son compagnon, reçurent cet ordre avec une grande douleur. Ils laissaient dans le royaume de Saxuma une centaine de chrétiens, qui se disaient prêts à tout souffrir plutôt que de renoncer à la grâce de leur baptême, mais qui avaient encore besoin d'être instruits et fortifiés. Les saints missionnaires les réunirent en secret pendant quelque temps encore, leur donnèrent par écrit la Vie de Notre-Seigneur, l'explication du Symbole et diverses exhortations qu'ils avaient traduites ou fait traduire en japonais ; puis, recommandant cette jeune chrétienté à la miséricorde de Dieu et aux soins de Paul de Sainte-Foi, ils quittèrent le royaume de Saxuma, pour se diriger vers celui de Firando.

Les Pères rencontrèrent sur leur chemin des gens qui les avaient vus à Cangoxima et qui les engagèrent à se rendre au château d'Ucondono, en leur assurant que le prince à qui il appartenait les recevrait avec plaisir. Ce prince, vassal du roi de Saxuma, habitait une forteresse située au sommet d'un rocher, et défendue en outre par dix bastions; mais cette résidence était aussi magnifique et aussi agréable que l'accès en était difficile et l'apparence redoutable.

Ucondono reçut avec bienveillance les docteurs étrangers, dont il avait entendu vanter la sagesse et le désintéressement; il les interrogea sur leur doctrine, et Xavier parla si éloquemment de cette religion, la seule véritable, que dix-sept des serviteurs du prince demandèrent le baptême. Ucondono ne s'opposa point à ce que ce sacrement leur fût conféré; il permit même à l'apôtre de baptiser secrètement sa femme et son fils encore enfant; il avoua que la loi de l'Évangile lui semblait bien préférable à celle des bonzes, et il promit de l'embrasser, dès qu'il le pourrait, sans risquer de devenir suspect au roi de Saxuma.

Xavier n'en put obtenir davantage; mais il remercia Dieu du succès qu'avait encore eu sa parole, et il partit, après avoir remis à l'intendant du prince des instructions et des prières écrites en japonais, et l'avoir chargé, au nom du divin maître, de veiller au salut des nouveaux chrétiens.

L'intendant jura de faire tout ce qui dépendrait de lui pour conserver ces âmes à Jésus-Christ et lui en gagner d'autres. Il tint parole; et quand, peu d'années après, Louis d'Almeida vint au Japon, il trouva plus de cent chrétiens au château d'Ucondono, qui ressemblait beaucoup plus à un monastère qu'à une demeure mondaine.

Une des salles du château servait de chapelle ; les chrétiens s'y réunissaient pour prier et pour entendre les saintes lectures que faisait l'intendant, et le prince se plaisait à y assister, quoiqu'il n'eût pas encore renoncé au culte extérieur des idoles.

Les jeunes néophytes étudiaient avec soin la religion, et l'un d'eux, le prince Just Ucondono peut-être, écrivit en sa langue l'histoire de la chute d'Adam et de la rédemption du monde. Un jour qu'on lui demandait ce qu'il répondrait, si le roi lui ordonnait d'abandonner sa foi, il dit :

— Je répondrais hardiment : « Seigneur, vous voulez sans doute qu'étant né votre sujet, je vous sois fidèle ; vous voulez que je sois prêt à vivre et à mourir pour votre service ; vous voulez encore que je sois modéré envers mes égaux, doux envers mes inférieurs, soumis à mes supérieurs, équitable envers tout le monde ; commandez-moi donc d'être chrétien ; car un chrétien est obligé d'être tout cela. Mais si vous me défendez d'être chrétien, vous me verrez devenir violent, dur, orgueilleux, rebelle, injuste et criminel ; car, sans la grâce de Dieu, nul ne peut répondre de soi. »

Les Portugais qui se trouvaient à Firando, quand les missionnaires y arrivèrent, les reçurent avec toute la pompe qu'il leur fut possible de déployer. L'artillerie de leurs vaisseaux les salua, les trompettes sonnèrent, et tous, officiers et matelots, firent cortége à Xavier jusqu'au palais. Ils firent entendre au roi que ce docteur étranger était très-puissant aux Indes et en Portugal ; et quand ils lui eurent appris que le roi de Saxuma l'avait chassé de ses États, il se réjouit de penser que son voisin serait mal vu des Portugais, et il permit aux missionnaires de prêcher publiquement leur religion.

Xavier ne perdit pas de temps ; en moins d'un mois, il convertit un grand nombre d'idolâtres. Il résolut de laisser Cosme de Torrez, l'un de ses compagnons, pour prêcher à Firando, et de poursuivre sa route, avec Fernandez, vers Méaco, qui était alors la capitale du Japon. Bernard, le premier Japonais baptisé à Cangoxima, et un autre chrétien, nommé Matthieu, les accompagnaient.

Ils s'arrêtèrent à Amanguchi, ville riche, commerçante et peuplée, mais où régnaient les mœurs les plus corrompues. Xavier y était venu, parce que cette ville se trouvait sur la route de Méaco ; mais voyant en quel aveuglement et quels désordres une si nombreuse population était tombée, il ne voulut point passer outre sans essayer de lui faire connaître la vraie source de la lumière et des vertus. Il commença à prêcher, et se vit entouré d'une foule de gens curieux de savoir qui il était, d'où il venait et quel motif l'avait amené au Japon. En entendant le récit des périls qu'il avait courus, dans l'unique espoir d'être utile aux Japonais, ils admiraient son dévouement et son courage ; ils avouaient même, après l'avoir écouté parler de son Dieu, que la religion de ce Dieu était plus pure et plus parfaite que la leur ; mais comme elle exigeait des sacrifices qu'ils ne voulaient pas faire, ils restèrent attachés à l'idolâtrie.

Les bonzes excitèrent ensuite la défiance du peuple et lui persuadèrent que ces étrangers étaient des imposteurs, cachant sous les apparences du désintéressement des projets qu'ils n'osaient avouer. On les crut, et les missionnaires se virent en butte aux injures et aux railleries de la multitude.

Le roi, averti de leur présence, voulut les voir et les interrogea, en présence de toute sa cour, sur la nouvelle religion qu'ils voulaient introduire dans ses États. Xavier lui en expliqua les fondements et lui dit comment il fallait vivre pour obtenir les récompensés qu'elle promet. Il l'écouta avec beaucoup d'attention, et le renvoya sans dire ce qu'il pensait de cette doctrine. Les missionnaires prirent ce silence pour une permission et continuèrent à prêcher ; mais ne voyant aucun résultat, ils se décidèrent à passer outre, et partirent pour Méaco, en déplorant l'aveuglement et la dureté de ces malheureux.

On était au mois de décembre, et l'hiver, en ce pays, est d'une rigueur extrême ; car il y tombe de la neige en abondance et le vent y règne avec violence. Les quatre serviteurs de Dieu allaient pieds nus et à peine vêtus par cette rude saison ; ils étaient chargés de ce qu'il fallait pour célébrer la sainte messe, et portaient en outre les livres et les images de piété qu'ils distribuaient aux nouveaux convertis. Ils n'avaient pour toute provision que du riz grillé ou séché au feu, et qu'ils mettaient tremper quand ils voulaient prendre leurs repas.

Les marchands portugais de Firando leur avaient offert de l'argent, et le roi de Portugal leur avait récemment fait parvenir 1,000 écus ; mais les pieux apôtres se regardaient comme les dépositaires de cette somme et ne voulaient l'employer qu'à des œuvres de charité.

Il leur fallut deux mois pour aller d'Amanguchi à Méaco, Bernard, leur guide, les égarant à chaque instant au milieu des forêts ou des campagnes couvertes de neige. Lorsqu'ils traversaient quelque ville ou quelque village, Xavier ne manquait pas de parler de Dieu à ceux que la curiosité assemblait autour d'eux ; mais l'extérieur misérable des missionnaires ne parlait pas en leur faveur ; on se moquait d'eux, et les enfants les poursuivaient en criant : Deos ! Deos ! Deos ! C'était le nom que François donnait au Seigneur ; car, « parlant de Dieu, il ne voulait point se servir de paroles japonaises, jusqu'à ce que les Japonais fussent bien instruits de l'essence et des perfections de la majesté divine, et il en donnait deux raisons, dit le père Bouhours : la première, qu'il ne trouvait dans leur langue aucun mot qui exprimât bien la souveraine Divinité, dont il désirait leur donner une notion distincte ; la seconde, qu'il craignait que ces idolâtres ne confondissent le premier Être avec leurs Camis et leurs Fotoques, s'ils l'entendaient appeler des noms qui convenaient aux idoles. »

Lorsque les quatre serviteurs de Dieu arrivèrent à Méaco, cette capitale, menacée par les rois voisins, songeait plutôt à se défendre qu'à écouter les prédicateurs d'une religion inconnue. Xavier s'efforça d'obtenir une audience du prince et du souverain chef de la religion japonaise ; mais on lui demanda 600 écus pour la lui procurer ; et comme il ne possédait rien, il fut obligé d'y renoncer.

Toutefois, il prêcha par la ville pendant une quinzaine de jours ; mais, dans le trouble où étaient les esprits, on s'arrêtait à peine pour l'écouter. Il ne voulut donc pas s'arrêter plus longtemps à Méaco, et, comme il avait remarqué que son habit déchiré portait les Japonais à rire de lui et de sa doctrine, il se rendit à

Firando, où il avait laissé les présents que le vice-roi lui avait faits.

Son intention était de retourner à Amanguchi et d'offrir ces présents au roi, pour se le rendre favorable. Les Portugais lui donnèrent de quoi s'acheter des vêtements convenables, et, muni d'un instrument de musique très-harmonieux, d'une horloge sonnante et d'autres ouvrages d'art, il alla trouver le roi d'Amanguchi, qui reçut ces raretés avec un plaisir extrême et lui offrit en échange une somme considérable. Xavier refusa l'argent, malgré les instances du prince, qui s'écria : « Le bonze européen ne ressemble pas aux nôtres, qui aiment tant à amasser et qui ne pensent qu'à leurs propres intérêts. »

Le saint apôtre ne demanda pour toute faveur que la permission de prêcher ; elle lui fut accordée, et le roi lui donna pour demeure, ainsi qu'à ses compagnons, un ancien bâtiment, autrefois habité par les bonzes. Là, les missionnaires furent assaillis de curieux, qui venaient leur adresser toutes sortes de questions, non-seulement sur la religion, mais sur les arts et les sciences de l'Europe, sur le mouvement des astres, les éclipses du soleil et de la lune, les mœurs et les productions des divers pays.

Les Pères en étaient extrêmement fatigués ; mais ils ne rebutaient personne ; car cette curiosité, tout importune qu'elle fût, leur fournissait l'occasion de prêcher l'Évangile avec beaucoup de fruit. En moins de deux mois, plus de cinq cents personnes, parmi lesquelles on comptait des savants et des nobles, demandèrent et reçurent le baptême.

« Quoique je sois déjà tout blanc, écrivait plus tard

saint François Xavier, je suis plus vigoureux et plus robuste que je n'aie jamais été ; car les fatigues qu'on prend pour cultiver une nation raisonnable qui aime la vérité et qui désire son propre salut donnent bien de la joie. Je n'ai en toute ma vie goûté autant de satisfaction qu'à Amanguchi, où une grande multitude de gens venaient m'entendre, avec la permission du roi. Je voyais l'orgueil des bonzes abattu et les plus fiers ennemis du nom chrétien soumis à l'humilité de l'Évangile. Je voyais les transports de joie où étaient ces nouveaux chrétiens, quand, après avoir surmonté les bonzes dans la dispute, ils retournaient tout triomphants. Je n'étais pas moins ravi de voir la peine qu'ils se donnaient à l'envi l'un de l'autre pour convaincre les Gentils, et le plaisir qu'ils avaient à raconter leurs conquêtes, par quelles manières ils se rendaient maîtres des esprits et comment ils exterminaient les superstitions païennes. Tout cela me causait une telle joie, que j'en perdais le sentiment de mes propres maux. Ah ! plût à Dieu que, comme je me ressouviens de ces consolations que j'ai reçues de la miséricorde divine au milieu de mes travaux, je pusse non-seulement en faire le récit, mais en donner l'expérience et les faire un peu sentir à nos académies de l'Europe ! Je suis assuré que plusieurs des jeunes gens qui y étudient viendraient employer à la conversion d'un peuple idolâtre ce qu'ils ont d'esprit et de forces, s'ils avaient une fois goûté les douceurs célestes qui accompagnent nos fatigues. »

La modération du père Fernandez gagna de nouveaux disciples à la foi que lui et Xavier enseignaient. Un jour que ce religieux prêchait sur la place publique, un homme s'approcha de lui comme pour lui parler à l'oreille, et lui cracha au visage. Fernandez, sans laisser voir la moindre émotion, s'essuya la joue et continua son discours, comme s'il ne lui fût rien arrivé d'extraordinaire. Le plus savant docteur d'Amanguchi assistait au sermon ; il fut frappé de l'empire que le missionnaire chrétien possédait sur lui-même, et, jugeant qu'une telle patience, un tel mépris des injures ne pouvaient venir que d'une religion divine, il déclara hautement que la vertu du prédicateur l'avait persuadé, et qu'il était prêt à devenir son disciple.

Cette conversion entraîna celle de beaucoup de personnes qui hésitaient encore, entre autres un jeune homme qui s'était fait une réputation dans les écoles les plus célèbres du Japon, et qui se disposait à entrer parmi les bonzes. Il fut baptisé, prit le nom de Laurent, et devint un des meilleurs prédicateurs de l'Évangile. Plusieurs compagnons de ce jeune homme l'imitèrent ; les bonzes, devenus l'objet du mépris du peuple, et ne recevant plus les dons qui les faisaient subsister, renoncèrent à leur état, et il n'en resta plus qu'un très-petit nombre dans Amanguchi.

Mais ce petit nombre, furieux de voir son autorité si sérieusement compromise, calomnia les missionnaires auprès du roi, et lui persuada de traiter avec rigueur les nouveaux chrétiens. En effet, plusieurs seigneurs qui avaient abandonné le culte des idoles furent dépouillés de ce qu'ils possédaient ; toutefois, la ferveur était si grande parmi ces généreux néophytes, qu'ils se tinrent prêts à donner non-seulement leurs biens, mais encore leurs vies, pour le nom de Jésus-Christ.

Sur ces entrefaites, Xavier apprit qu'un navire portugais était entré dans le port de Figen, à cinquante lieues d'Amanguchi ; comme il avait depuis quelque temps le désir de retourner aux Indes, pour y choisir des missionnaires capables d'achever son œuvre au Japon, il dépécha Matthieu vers le capitaine, afin d'apprendre quelle route ce navire comptait faire.

Matthieu revint avec des lettres qui avertissaient Xavier de la nécessité de sa présence à Goa, et qui lui disaient que le navire allait en Chine, mais que dans le port où il entrerait, le saint homme trouverait trois vaisseaux prêts à faire voile vers les Indes.

L'homme de Dieu se mit donc en route pour Figen, où les Portugais lui rendirent, malgré lui, les mêmes honneurs qu'à un grand prince. Le roi de Bungo, dont Figen dépendait, ayant entendu le bruit du canon, envoya savoir si les pirates qui rôdaient dans ces mers n'avaient point attaqué les navires étrangers ; et lorsqu'il apprit que l'artillerie portugaise avait salué la venue du savant Européen dont il avait souvent ouï parler, il désira vivement de le voir et lui écrivit en ces termes :

« Père bonze de Portugal, que votre heureuse arrivée en mes États soit aussi agréable à votre Dieu que lui sont les louanges dont les saints l'honorent ! Mon serviteur, que j'ai envoyé au port de Figen, m'a dit que vous y étiez arrivé d'Amanguchi, et toute ma cour vous dira combien j'en ai eu de joie. Comme Dieu ne m'a pas fait digne de vous commander, je vous supplie instamment de venir, avant le lever du soleil, frapper à la porte de mon palais de Fuchéo, où je vous attendrai avec impatience. Cependant, prosterné par terre, je prie votre Dieu, que je confesse être le Dieu de tous les dieux, le souverain des meilleurs et des plus grands qui vivent au ciel, de faire entendre aux superbes de ce siècle combien votre vie sainte et pauvre lui est agréable.... Mandez-moi des nouvelles de votre santé, pour me faire bien dormir la nuit, jusqu'à ce que les coqs m'éveillent en m'annonçant votre venue. »

III.

●

Les Portugais auxquels le saint apôtre fit part du
message qu'il venait de recevoir le prièrent de ne pas
se montrer à la cour de Fuchéo sans un certain ap-
parat. Il s'y refusa d'abord; mais il céda ensuite à leurs
raisons et au souvenir de l'effet produit sur le roi
d'Amanguchi par les présents qu'il lui avait offerts.

Le lendemain donc, trente Portugais, vêtus de riches
étoffes et portant des chaînes d'or rehaussées de pierreries, s'embarquèrent avec François dans deux chaloupes
ornées de tapis de la Chine et de banderoles flottant au
vent. Leurs valets les accompagnaient, ainsi que des
joueurs de trompettes, de flûtes et de hautbois, qui
faisaient partie de l'équipage des navires. Xavier portait une soutane de camelot noir, et, par-dessus, un

surplis d'une éclatante blancheur et une étole de velours vert, brodée d'or.

En arrivant à Fuchéo, ils trouvèrent sur le port des
officiers qui les attendaient de la part du roi, et qui
invitèrent le grand bonze européen à monter dans une
litière amenée par eux. Xavier s'en défendit et laissa le
capitaine portugais, Édouard de Gama, régler l'ordre
du cortége.

Édouard marchait le premier, tête nue et une canne
à la main, comme l'écuyer ou le majordome du Père.
Quatre autres Portugais le suivaient, portant un livre
dans un sac de satin blanc, une canne de Bengala,
garnie d'or, des pantoufles de velours noir, et un parasol magnifique. Un cinquième tenait un tableau de la
vierge Marie, couvert d'un voile de damas. Xavier venait
ensuite ; et l'on eût dit qu'un rayon d'en haut illuminait
son noble et doux visage. Une nombreuse suite fermait
la marche.

Le cortége parcourut les principales rues de la ville,
au son des instruments et aux acclamations de la foule.
Six cents gardes étaient rangés sur la place du palais, à
l'entrée duquel plusieurs seigneurs attendaient le saint
missionnaire. Avant d'y pénétrer, les Portugais qui le
devançaient se tournèrent vers lui, et, après s'être
inclinés profondément, ils lui remirent la canne de
Bengala et lui chaussèrent les pantoufles de velours.
Celui qui tenait le parasol l'étendit sur la tête du Père,
et les deux qui portaient le livre et le tableau se ran-
gèrent à ses côtés.

Xavier traversa une longue galerie et entra dans une
vaste salle remplie de courtisans, qui l'accueillirent
avec respect. Un jeune enfant, qu'accompagnait un
vénérable vieillard, vint à lui et le salua ainsi :

— Père bonze saint, que ton arrivée en la maison du roi mon seigneur lui soit aussi agréable que l'est l'eau du ciel aux laboureurs, après une extrême sécheresse.

Dans une seconde salle se tenaient d'autres seigneurs encore plus qualifiés que les autres. Ils firent la révérence au Père, en touchant trois fois la terre de leurs fronts. Deux d'entre eux s'approchèrent de lui pour le complimenter, et le premier lui dit :

— Père bonze saint, que votre arrivée en ces murs soit aussi agréable à notre roi que le sourire d'un petit enfant l'est à sa mère.

L'enfant qui avait introduit Xavier dans cette seconde salle le conduisit, à travers une galerie d'orangers, vers une troisième salle où l'attendait le frère du roi.

— Père bonze saint, lui dit ce prince, le roi, mon seigneur, est plus heureux de vous avoir dans son palais que s'il possédait les trente-deux trésors de la Chine.

Il le fit ensuite entrer dans la salle du Trône, tout éclatante de dorures et de pierreries.

Le roi fit cinq ou six pas au-devant du missionnaire, et s'inclina par trois fois. Xavier se prosterna, selon l'usage, et voulut lui toucher le pied; mais le roi le releva lui-même, le prit par la main, le fit asseoir près de lui sur son trône, et lui dit les choses les plus flatteuses. Le Père répondit par quelques paroles de respect et de soumission, puis, sans tarder davantage, il lui exposa les principales maximes de la religion du Christ avec tant de clarté et d'éloquence, que le roi s'écria :

— Pourquoi donc Dieu permet-il que nous vivions dans l'aveuglement, et que ce bonze étranger soit si éclairé? Tout ce qu'il vient de nous dire est la vérité; car il n'y a pas la moindre contradiction dans ses paroles, tandis que, quand nos bonzes parlent, ils s'embarrassent tellement, que l'esprit le plus subtil ne peut rien comprendre à leur doctrine.

Un bonze qui se trouvait là ne put entendre parler ainsi de sa profession; il s'approcha du trône et dit au roi :

— Il n'y a ni prince ni roi qui puisse décider des choses de la religion sans avoir étudié dans l'université de Fianzima, la seule où s'expliquent les mystères sacrés.

— Si vous avez quelque chose à dire contre ce que vient d'enseigner le grand bonze européen, vous pouvez parler, dit le roi; nous vous écouterons.

Le bonze, s'enhardissant encore, fit un pompeux éloge de sa secte, dont il vanta les bienfaits et la sainteté par des paroles si extravagantes, que l'assemblée en rit de bon cœur et que le roi lui ordonna de sortir. Le bonze obéit en appelant les malédictions du ciel sur le roi et sur tous ceux qui, comme lui, osaient manquer de respect aux dieux et à leurs ministres.

Xavier continua d'expliquer au roi la foi chrétienne, et, l'heure du dîner venue, ce prince exigea que le savant docteur se mît à table avec lui; ce qui était la plus grande marque d'honneur et de déférence qu'il pût donner.

— Je sais bien, lui dit-il, mon ami et mon père, que vous n'avez pas besoin de ma table; mais si vous étiez Japonais, vous sauriez qu'un roi ne peut donner à quelqu'un qu'il chérit un plus éclatant témoignage de son amitié. C'est pourquoi je veux que vous dîniez avec moi, et je prétends par là me faire plus d'honneur qu'à vous-même.

— Je prie le Seigneur du ciel de reconnaître pour moi tant de bonté, répondit l'homme de Dieu, en donnant à Votre Majesté la lumière de la foi, afin que vous puissiez le servir fidèlement pendant votre vie, et jouir, après votre mort, du bonheur qu'il réserve à ses élus.

Pendant le repas, toute la cour et les Portugais qui avaient accompagné Xavier demeurèrent à genoux; et lorsque le missionnaire se retira, comblé des marques de la faveur royale, le peuple se pressa sur ses pas, persuadé que celui que le souverain venait d'accueillir ainsi était un homme d'un mérite sans égal.

Les jours suivants, François prêcha. Une multitude de païens demandèrent le baptême, entre autres un bonze très-savant, qui entreprit de conférer publiquement avec lui, et qui s'écria, vaincu par la force de ses raisonnements :

— Jésus-Christ, seul et vrai Fils de Dieu, je me rends à vous ; je confesse de cœur et de bouche que vous êtes le Dieu éternel et tout-puissant, et je prie tous ceux qui m'écoutent de me pardonner de leur avoir enseigné si longtemps des absurdités et des fables.

Le Père eût pu baptiser ce jour-là plus de cinq cents personnes ; mais il aima mieux les instruire d'abord et travailler à réformer leurs mœurs. Il agit de même avec le roi, qui se montrait de plus en plus ravi de l'excellence de sa doctrine, mais qui ne paraissait pas encore disposé à faire tous les sacrifices nécessaires pour vivre en chrétien.

Les navires portugais étant près de partir, François se disposait à y prendre passage, lorsqu'il apprit que les bonzes du royaume de Bungo avaient écrit à Fuca-randono, celui d'entre eux tous qui jouissait d'une plus haute réputation de savoir, et, l'ayant averti des dangers qui menaçaient leur secte, le priaient de venir confondre le docteur européen. Xavier comprit que s'il abandonnait alors la partie, son départ ressemblerait à une fuite, et que les nouveaux convertis se croiraient autorisés à revenir à leurs erreurs.

Il engagea donc Édouard de Gama à mettre à la voile sans lui; mais le Portugais s'y refusa, et les navires demeurèrent à l'ancre pendant tout le temps que durèrent les discussions religieuses entre Xavier et Fucarandono.

L'oracle des bonzes fut battu sur tous les points; le roi fut souvent obligé de le rappeler à la modération, dont le missionnaire ne s'écartait jamais. Les conférences durèrent plusieurs jours. Fucarandono fit venir à son aide ses confrères les plus éclairés et les plus sages; et quand il vit que leurs efforts et les siens n'aboutissaient qu'à les rendre l'objet de la raillerie des grands, il quitta le palais, en maudissant le roi qui s'était, disait-il, laissé séduire par un enchanteur étranger.

Xavier, comblé de nouvelles marques de la faveur du roi, quitta le Japon, après y être demeuré deux ans et quatre mois.

Il désirait aller porter la lumière divine au milieu des Chinois; mais il alla d'abord à Goa, où l'appelaient le soin du collége de Saint-Paul et la nécessité de choisir parmi les missionnaires ceux qui devaient prêcher avec lui en Chine et continuer son œuvre au Japon.

Il s'embarqua ensuite avec Jacques Pereyra, son ami, qui se rendait à la cour de Pékin à titre d'ambassadeur ; mais le gouverneur de Malacca, où il s'était arrêté pour soigner des pestiférés, entrava ses projets. Il prétendit qu'un marchand comme Pereyra ne pouvait être envoyé en ambassade au premier monarque du monde, et Xavier ne put obtenir qu'il les laissât continuer paisiblement leur voyage.

L'apôtre, ne pouvant toutefois renoncer à son dessein, partit seul sur un vaisseau qui allait à Sancian. Un marchand chinois devait ensuite le conduire aux portes de Canton. Mais Xavier avait assez fait pour le ciel. Il tomba malade dans l'île de Sancian, et ne songea plus qu'à se préparer à la mort. Il demeura dix jours presque sans soins, dans une misérable cabane où on l'avait transporté ; mais il ne cessa de s'entretenir avec Dieu par de ferventes aspirations.

Enfin, le 2 décembre 1552, il expira en prononçant ces paroles : *In te, Domine, speravi, non confundar in æternum.* Il avait quarante-six ans, et en avait passé dix dans ses travaux des Indes et du Japon.

Les missionnaires qu'il envoya dans cette dernière contrée recueillirent les fruits abondants de sa prédication. Le roi de Bungo, sur l'esprit duquel les bonzes avaient repris leur empire après le départ du saint, se rappela enfin les conseils qu'il lui avait donnés, et, renonçant au culte des idoles, il devint l'un des plus fervents disciples de Jésus-Christ.

Animés du même esprit que le glorieux apôtre qui leur avait frayé le chemin, les nouveaux missionnaires travaillèrent avec tant de zèle et de charité, que chaque jour vit s'accroître le nombre des chrétiens. Plusieurs rois ou gouverneurs de province, des princes, des savants, des nobles se faisaient gloire de pratiquer la religion enseignée par les missionnaires, et ceux-ci pouvaient sans présomption calculer à quelle époque, Dieu continuant à bénir leurs travaux, la nation tout entière s'inclinerait au nom du Christ, lorsque Taïco-Sama monta sur le trône du Japon.

Taïco-Sama, né dans la condition la plus humble, entra de bonne heure au service d'un maître qui l'employa d'abord à aller chercher du bois sur une montagne voisine. Toxiquiro — ainsi se nommait alors le jeune domestique — fit preuve de tant d'intelligence, qu'on lui confia successivement d'autres fonctions plus importantes. Il s'en acquitta si bien, qu'un jour son maître le fit appeler et lui dit :

— Je suis content de tes services; mais je ne veux pas les garder pour moi seul. Prends cet argent, fais-toi soldat, et tu arriveras à quelque chose, c'est moi qui te le promets.

Toxiquiro n'avait pas attendu ce moment pour se croire appelé à d'autres destinées; il remercia son maître de l'avoir apprécié, prit congé de lui et se rendit à Méaco, capitale de l'empire. Après un séjour de quelques mois dans cette ville, il entra au service d'un des courtisans de l'empereur Nobunanga.

Le Japon, après avoir longtemps obéi à un seul souverain, qui portait le titre de Daïri, s'était partagé, par suite de la faiblesse de ces princes, en un grand nombre de petits royaumes indépendants, qui se faisaient les uns aux autres des guerres continuelles. Les rois de Méaco devinrent bientôt plus puissants que les autres, et leur autorité s'étendit de proche en proche sur leurs voisins. Nobunangá soumit presque toute l'île de Niphon et prit le titre d'empereur.

Nobunanga aimait la chasse; il va sans dire que ses courtisans s'en montraient épris comme lui. Toxiquiro accompagnait son maître, qui lui-même suivait l'empereur par monts et par vaux.

Nobunanga revenait d'une chasse au vol, quand son faucon favori rompit la chaîne qui le retenait captif et alla se percher au sommet d'un arbre. On l'appela, on l'attendit; mais sans doute la liberté lui souriait plus que les caresses impériales, il demeura immobile sur la branche qu'il avait choisie.

— N'irais-tu pas bien le chercher? demanda le maître de Toxiquiro, en s'adressant à ce jeune et agile serviteur.

A peine avait-il parlé, que Toxiquiro s'élança vers l'arbre et y grimpa lestement. Il étendait déjà la main pour saisir le faucon; mais l'oiseau déploya ses ailes, franchit un petit lac que les chasseurs longeaient et alla se poser sur un autre arbre. Toxiquiro se jeta à la nage, sur un signe de son maître, et montra tant d'agilité, qu'il parvint à s'emparer du faucon.

Il le rapporta à l'empereur, que cette poursuite avait amusé, et qui, de ce jour, l'admit dans son palais. La faveur de Toxiquiro grandit vite; il eut des ennemis qui jurèrent sa perte et l'accusèrent d'avoir fait disparaître du garde-meuble impérial un fourreau d'épée garni de lames d'or.

Toxiquiro était innocent; mais il ne suffisait pas de le dire, il fallait le prouver. Toxiquiro alla trouver l'orfévre de la cour.

— Je voudrais, lui dit-il, faire orner mon sabre; montrez-moi quelque chose qui puisse me convenir.

L'orfévre lui proposa divers ornements.

— Ce n'est pas cela, reprit Toxiquiro ; je pensais que vous auriez quelque garniture toute prête, et dont je pourrais voir l'effet aujourd'hui même.

— Voici ce que vous désirez, dit le marchand, en lui montrant quelques-unes des lames d'or du fourreau volé.

— D'où vous viennent ces objets ? demanda Toxiquiro, qui les reconnut aussitôt.

— Un des serviteurs du palais me les a vendus, répondit l'orfévre.

— Si vous voulez suivre un bon conseil, vous ne vous en déferez pas. Ils ont été volés au garde-meuble de l'empereur, et si vous ne pouviez les rendre quand on vous les réclamera, vous passeriez pour le complice du voleur.

L'orfévre pâlit, en protestant qu'il ignorait l'origine de ces garnitures.

— Je vous crois, dit Toxiquiro ; nommez-moi le coupable, et comptez que vous ne serez pas inquiété.

Le marchand obéit, trop heureux d'en être quitte à ce prix. Toxiquiro courut au palais, demanda audience à l'empereur et lui dénonça le serviteur infidèle.

— Il a mérité la mort, dit Nobunanga. Apporte-moi sa tête.

Quelques minutes se passèrent, et Toxiquiro reparut devant son souverain, tenant d'une main cette tête sanglante et de l'autre le fourreau que l'orfévre lui avait rendu.

Nobunanga, jaloux de lui faire oublier l'injuste accusation qui avait pesé sur lui, le traita mieux que jamais ;

il lui donna des titres de noblesse, lui confia le gouvernement d'une province et le commandement d'une partie de ses troupes.

Toxiquiro ne montra pas moins de valeur que de sagesse ; ses exploits le firent regarder comme le général le plus capable de combattre le roi d'Amanguchi, avec lequel Nobunanga était en guerre. Mais au moment où Toxiquiro marchait contre les ennemis de l'empereur, celui-ci fut égorgé, avec son fils, par des conspirateurs qui voulaient donner la couronne à leur chef Aquechio.

Le nouveau général, averti par les soins du prince Ucondono, rentra promptement à Méaco, et livra bataille au traître, qui fut vaincu et mis à mort dans sa fuite.

Toxiquiro, ou plutôt Faxiba, car l'empereur lui avait donné ce nom, se fit reconnaître pour souverain, et, après avoir essayé d'un troisième nom, il prit celui de Taïco-Sama (Sama signifie seigneur), sous lequel il se rendit maître de tout le pays qui avait obéi à son prédécesseur.

Il fit mieux encore : il convoqua à Méaco tous les rois ou gouverneurs de province, en les priant d'assister aux obsèques de Nobunanga, et, au lieu de les renvoyer dans leurs gouvernements respectifs, il donna à chacun d'eux un royaume éloigné de celui qu'ils venaient de quitter. Par cette habile mesure politique, il les dépouilla de leur influence et les mit dans l'impossibilité de lutter avantageusement contre son autorité. En même temps, il leur ordonna de bâtir des palais et des édifices magnifiques, et ils se ruinèrent pour ne pas encourir la disgrâce de ce monarque qui se montrait aussi redoutable qu'habile.

Peu satisfait d'avoir affermi son pouvoir sur les provinces possédées par Nobunanga, Taïco-Sama soumit les autres royaumes du Japon et reconstitua ainsi l'ancienne unité de cet empire. Son ambition ne connaissait pas de bornes; il rêvait la conquête de la Chine et voulait à tout prix immortaliser son nom.

La religion chrétienne lui plaisait, non parce qu'il en admirait la pure et sainte morale, mais parce qu'il la regardait comme un excellent moyen de retenir les peuples dans l'obéissance. Il savait d'ailleurs que Nobunanga n'avait eu qu'à se louer de la fidélité des chrétiens, et il avait lui-même de grandes obligations au prince Ucondono, l'un des plus fermes soutiens de la religion du Christ. Il louait volontiers la sagesse, la valeur, le désintéressement de ce prince, et il se plaisait à reconnaître qu'il lui devait la couronne.

Il permit donc aux missionnaires de prêcher librement dans tout le Japon; il donna aux Jésuites un emplacement pour bâtir une église, un couvent et un séminaire. Il allait quelquefois visiter ces religieux et il les accueillait bien, lorsqu'ils se présentaient devant lui. Il conversait avec eux, les interrogeait sur leur doctrine, et il avouait franchement qu'il la trouvait bien supérieure à celle des bonzes.

— Quand j'aurai conquis la Chine, leur disait-il, vous aurez partout des églises, et tous mes sujets adoreront votre Dieu.

En attendant, il confiait à des chrétiens ses finances, sa marine, sa cavalerie; il laissait voir à tous ceux qui l'approchaient l'estime que lui inspirait cette religion et le mépris qu'il faisait du culte des idoles.

Les bonzes de la province gouvernée par Ucondono,

alarmés de la faveur que ce prince accordait à ses frères, les chrétiens, et craignant de voir déserter les temples des Cama et des Fotoca, s'avisèrent de porter, en grande pompe, les statues de ces dieux au palais, et de prier la mère et la femme de l'empereur de prendre la défense de leur religion, que les chrétiens menaçaient d'anéantir. Les deux princesses allèrent trouver Taïco-Sama, lui représentèrent le danger que courait la religion japonaise et lui demandèrent avec instance de couvrir Cama, Fotoca et leurs ministres, de sa toute-puissante protection.

— Ceci regarde Ucondono, répondit l'empereur. Il est maître dans son gouvernement, et j'ai toute confiance en son équité. Si les bonzes se tiennent en repos, ils n'auront rien à craindre de lui; mais je ne souffrirai pas qu'ils renouvellent la ridicule cérémonie qu'ils viennent d'accomplir. Quant aux Cama et aux Fotoca, ils peuvent les remporter sur leurs épaules ou les jeter à la mer, cela m'est indifférent; mais ordonnez-leur de se retirer au plus tôt.

IV.

Les chrétiens se livraient donc paisiblement à l'exercice de leur religion, et les espérances des missionnaires
se fortifiaient, quand il s'opéra dans les sentiments de
l'empereur un changement aussi fâcheux qu'inattendu.

Ucondono reçut l'ordre d'abjurer la foi du Christ ou
de renoncer à ses dignités. Le choix du vertueux prince
ne pouvait être douteux.

— Je suis chrétien, répondit-il, et je veux mourir
chrétien. Si c'est un crime aux yeux de l'empereur, je
lui remets volontiers le gouvernement qu'il m'avait
confié.

En même temps qu'il faisait sommer Ucondono de
revenir au culte des idoles, l'empereur envoyait aux

Jésuites un message dans lequel il se plaignait de ce que
ces religieux employaient la contrainte pour se faire
écouter des Japonais, de ce qu'ils détruisaient les
temples des idoles, enfin de ce qu'ils mangeaient la
chair des animaux utiles, comme le bœuf et le cheval.

Les Pères n'eurent pas de peine à se justifier ; ce qui
n'empêcha pas l'empereur de lancer contre eux un édit
de proscription. Toutefois, il leur accordait vingt jours
pour quitter le territoire japonais et défendait que, pendant ces vingt jours, ils fussent inquiétés ou maltraités
par qui que ce fût.

Cet édit devait être attribué bien moins à l'empereur
qu'au médecin Jacuin, son favori. Jacuin partageait
contre les chrétiens le ressentiment des bonzes, du
corps desquels il avait autrefois fait partie. Connaissant
parfaitement son maître, il comprit qu'il perdrait les
disciples de la foi nouvelle, s'il parvenait à exciter contre
eux la défiance de Taïco-Sama, en lui persuadant qu'ils
en voulaient à son autorité. Il dirigea vers ce but ses
perfides insinuations, et il ne l'atteignit que trop bien.

Les Jésuites, ne pouvant se décider à abandonner les
nouveaux convertis, résolurent de mourir à leur poste ;
cependant ils ne crurent pas devoir négliger les mesures
que conseillait la prudence. Ils obtinrent d'abord un
délai de six mois, pendant lequel ils évitèrent de prêcher publiquement, tinrent les églises fermées et adop-
tèrent, pour être moins remarqués, un costume japonais
des plus simples et des plus sévères.

Ils espéraient que la colère de l'empereur s'apaiserait,
et que, ces six mois écoulés, il ne penserait plus à les
bannir. Le navire portugais qui devait les emmener prit
seulement à son bord quelques jeunes gens qu'ils en-

voyaient en Europe, pour y achever leurs études. Les Pères demeurèrent au Japon; mais quoi qu'ils pussent faire pour ne point se rappeler au souvenir de Taïco-Sama, la haine qui les poursuivait dénonça leur présence.

L'empereur, furieux, menaça de les faire mettre tous à mort; mais les services signalés que lui rendirent à la guerre un général et plusieurs princes chrétiens, diminuèrent ses préventions. Il rendit même à Ucondono le gouvernement qu'il lui avait retiré, et il consentit à recevoir, comme ambassadeur du vice-roi des Indes, le jésuite Valignani.

L'édit de proscription subsistait toujours; de temps en temps une église était abattue, ou une famille chrétienne privée de ses biens et de ses titres; mais la persécution était plutôt sourde qu'avouée, et les missionnaires continuaient à travailler fructueusement à la vigne du Seigneur.

D'autres ouvriers devaient bientôt venir joindre leurs efforts à ceux des Jésuites. Des missionnaires franciscains, ayant appris à Manille de quels périls la prédication de la parole sainte était entourée au Japon, résolurent de prendre leur part des persécutions et de la gloire du martyre.

Un obstacle s'opposait à leur zèle, le pape Grégoire XIII ayant exclusivement réservé aux Jésuites les missions du Japon. Il est vrai qu'un bref de Sixte-Quint pouvait être considéré comme dérogeant au premier; mais le respect des religieux franciscains pour les décisions du saint-siége leur inspira l'idée de se rendre au Japon avec le titre d'ambassadeurs du roi de Manille, et non en qualité de missionnaires; encore ne prirent-ils pas cette résolution sans avoir consulté les plus savants docteurs, les casuistes les plus éclairés.

Ce scrupule écarté, rien n'arrêta plus les zélés Franciscains. Pierre-Baptiste, Barthélemy Rodriguez, François de Saint-Michel et Gonzalve Garcia s'embarquèrent à Manille au mois de mai 1593, et touchèrent au port de Firando après une heureuse traversée.

Les Jésuites, avertis de leur arrivée, leur firent un accueil fraternel, quoiqu'ils eussent essayé de les détourner de cette entreprise, qu'ils jugeaient propre à augmenter les rigueurs de la persécution.

Taïco-Sama ordonna que les ambassadeurs du roi de Manille lui fussent présentés; il agréa leurs présents et s'entretint avec eux pendant quelques instants; puis il les invita à retourner dans le pays qu'ils venaient de quitter.

— Vous êtes aussi, leur dit-il, des ministres de la religion du Christ. Vous saurez que je veux la bannir du Japon, qui est l'empire des Cama. J'ai ordonné à tous les prédicateurs étrangers de sortir de mes États; et s'il en reste quelques-uns, je les tolère, parce qu'ils servent d'interprètes aux Portugais qui viennent ici pour leur commerce. Repartez donc avec le vaisseau qui vous a amenés et assurez le gouverneur de Manille de mes bonnes dispositions à son égard.

Cet ordre surprit peu les Franciscains, et ils ne désespérèrent pas de l'éluder.

— Ne nous sera-t-il pas permis, sire, demandèrent-ils, d'admirer les merveilles de la capitale, et nous refuserez-vous ce que vous accordez à tous les étrangers?

— Soit! répondit l'empereur. Vous pouvez visiter Méaco et vous assurer par vous-mêmes de la richesse et de la puissance de mon empire. Qu'on les emmène, ajouta-t-il en s'adressant à l'officier qui les avait introduits, et qu'ils soient magnifiquement défrayés pendant leur voyage ; car telle est ma volonté.

Les ordres de Taïco-Sama furent exécutés. Comme il n'avait pas fixé la durée du séjour des ambassadeurs à Méaco, ceux-ci y demeurèrent plusieurs mois. Déjà ils avaient eu le bonheur de convertir secrètement quelques infidèles, et ces premières conquêtes avaient encore enflammé leur zèle. Ils résolurent de se fixer dans la capitale du Japon, et ils demandèrent à l'empereur l'autorisation de s'y bâtir une maison. Ils l'obtinrent sans difficulté, et, se faisant illusion sur la bienveillance du souverain, ils joignirent à leur couvent une église, où ils commencèrent à célébrer les saints mystères.

Le peuple accourait en foule pour entendre leurs prédications, et ils avaient peine à baptiser tous ceux qui demandaient le glorieux titre de chrétiens. Trois autres religieux, ayant reçu à Manille la nouvelle de leurs succès, vinrent les rejoindre. On les nommait Augustin Rodriguez, Marcel Ribadeneira et Jérôme de Jésus.

Le père Pierre-Baptiste, supérieur de la mission, résolut aussitôt de fonder une seconde maison, non pas à Méaco, mais à Ozaca. Il donna à ce nouveau couvent le nom de Bethléem, en souvenir de la naissance du divin Enfant, venu en ce monde pour y apporter la vraie lumière.

Les Jésuites, voyant les Franciscains se départir de la prudence qu'eux-mêmes s'étaient imposée, leur représentèrent le danger qu'il y avait à braver ouvertement les décrets de l'empereur, et les supplièrent d'attendre des jours meilleurs pour donner un libre essor à leur zèle. Plusieurs chrétiens influents leur firent la même prière, tandis que le gouverneur de Méaco leur faisait défendre de prêcher et de baptiser.

Mais qu'était-ce que cette défense pour les généreux missionnaires qui avaient sans cesse présentes à l'esprit ces paroles du Sauveur : « Allez, enseignez toutes les nations, les baptisant au nom du Père, et du Fils, et du Saint-Esprit. » Et comment cés religieux, dont les yeux se fixaient avec envie sur la couronne du martyre, auraient-ils refusé l'abondante moisson qui s'offrait à eux ?

Le couvent de Bethléem étant fondé, Pierre-Baptiste en établit un autre à Nangasaki. Il y avait près de cette ville une église, connue sous le nom d'ermitage Saint-Lazare. Elle était fermée depuis l'édit impérial ; il la rouvrit, et l'on y vit de toutes parts accourir les chrétiens. Mais le gouverneur de Nangasaki, moins tolérant que ceux de Méaco et d'Ozaca, interdit, sous peine de mort, l'entrée de cette église à tous les Japonais, et ordonna que les Franciscains fussent immédiatement expulsés de la province dont il avait le commandement.

Soit que cette sévérité fit repentir le gouverneur de Méaco d'avoir si longtemps fermé les yeux, soit qu'en effet il n'eût pas eu jusque-là une connaissance exacte de ce que faisaient les religieux, soit enfin qu'il craignît de devenir suspect à l'empereur par une tolérance obstinée, il se plaignit amèrement du peu de compte que les Franciscains avaient tenu de ses avertissements, et il leur défendit de nouveau toute manifestation du culte chrétien.

Taïco-Sama ne savait rien encore. Le père Baptiste, comprenant enfin la nécessité de la prudence, se décidait, non sans peine, à donner moins de publicité aux prédications et aux cérémonies religieuses. Grâce à ces précautions, le péril pouvait être conjuré ou du moins retardé; mais un accident sur lequel personne ne comptait vint confirmer les soupçons qu'avait accueillis déjà le souverain le plus ambitieux et le plus jaloux de son pouvoir.

Le galion espagnol *le Saint-Philippe* allait des Philippines à la Nouvelle-Espagne. Fatigué d'une traversée laborieuse et gravement endommagé par une tempête, il se vit forcé de relâcher dans un port japonais. Sa riche cargaison fut confisquée au nom de l'empereur, le commandant protesta, et l'affaire fut portée devant Taïco-Sama.

Elle traînait en longueur, et l'équipage castillan, se lassant d'attendre la décision impériale, parlait hautement de la vengeance que le roi d'Espagne tirerait du préjudice causé à ses sujets par les autorités japonaises.

—Nous ne craignons pas le roi d'Espagne, dit Mexita, ministre de l'empereur, à un pilote qui venait, de la part du commandant, presser les négociations. Il n'y a pas dans tout l'univers de monarque plus puissant que Taïco-Sama.

—Taïco-Sama règne sur quelques îles, répondit fièrement le pilote; mais les vaisseaux du roi d'Espagne couvrent les mers, et dans toutes les parties du monde il y a des nations soumises à son sceptre.

Et comme le ministre paraissait douter, le Castillan prit une mappemonde placée sur la table, et se plut à énumérer les noms des peuples soumis à son roi.

— Est-il donc possible, s'écria Mexita, qu'un seul homme commande à tant de nations étrangères?

— Ce que je vous dis est la simple vérité, répondit l'orgueilleux pilote.

— Mais comment les rois d'Espagne ont-ils pu faire pour étendre ainsi leur empire? Il leur a fallu des armées innombrables et des trésors immenses pour aller si loin combattre et conquérir.

— Notre moyen est plus facile, dit le pilote, sans songer aux conséquences de sa réponse. Quand nos rois veulent soumettre un pays, ils commencent par y envoyer des missionnaires qui prêchent aux peuples notre religion et les engagent à l'embrasser. Quand ils ont fait des progrès considérables, on expédie des troupes qui se joignent aux nouveaux chrétiens et n'ont pas beaucoup de peine à venir à bout du reste.

Mexita n'eut rien de plus pressé que de rapporter ces paroles à l'empereur, qui entra dans une violente colère.

— Quoi donc! s'écria-t-il, mes États sont remplis de traîtres, et le nombre en augmente tous les jours! J'avais proscrit ces docteurs étrangers; mais par pitié pour la vieillesse et les infirmités de quelques-uns d'entre eux, je leur avais permis de rester au Japon; je fermais les yeux sur plusieurs autres, parce que je les croyais tranquilles et incapables de former aucun mauvais dessein, et ce sont des serpents que je nourris dans mon sein! Les perfides ne sont occupés qu'à me susciter des ennemis parmi mes propres sujets et peut-être jusque dans ma famille. Mais ils apprendrout ce que c'est que de se jouer de moi!...

Il s'engagea ensuite, par les serments les plus terribles, à mettre à mort les missionnaires et à bannir de ses États tous les chrétiens. Il était encore en proie à cette agitation furieuse, lorsqu'il rencontra Ufioio, l'un des préfets du palais.

— Es-tu donc aussi un traître, lui demanda-t-il, et dois-je me méfier de toi comme de ton père ?

— Sire, dit Ufioio surpris, quel reproche Votre Majesté a-t-elle donc à faire à mon père, le plus fidèle et le plus dévoué de ses serviteurs ?

— Un reproche des plus graves. Ignores-tu que c'est lui qui m'a prié d'accorder une audience aux religieux déchaussés venus des Philippines, et de leur permettre de se bâtir une demeure à Méaco ?

— Il est vrai, sire, répondit Ufioio ; mais Faxégava, mon père, regardait ces religieux comme des ambassadeurs de Manille, et croyait qu'ils ne songeaient qu'aux négociations dont le roi les avait chargés. Quand il a su que ces moines prêchaient la religion nouvelle, il le leur a défendu et fait défendre par le premier ministre. Ils ont refusé d'obéir, et dès lors, mon père, les regardant comme les ennemis de Votre Majesté, a dressé une liste de leurs noms.

— Je veux voir cette liste, dit Taïco-Sama.

Et, après l'avoir examinée, il ordonna au préfet du palais de la remettre à Gibonoskio, avec l'ordre de faire arrêter tous ceux qui y étaient inscrits. Ufioio partit aussitôt pour la capitale, et le même jour des gardes furent mis au couvent de Méaco et à celui d'Ozaca. Tremblant de perdre la faveur de son maître, Ufioio, pour faire preuve de zèle, dressa une nouvelle liste de chrétiens, à la tête desquels il mit le prince Ucondono, puis il alla porter cette liste au gouverneur Gibonoskio, qui lui fit observer avec beaucoup de justesse que le prince était connu depuis longtemps comme chrétien, puisque dix ans auparavant il avait mieux aimé encourir la disgrâce de l'empereur que de renoncer à sa religion.

— Croyez-vous donc, ajouta-t-il, que Taïco-Sama puisse vouloir égorger tous les disciples de la foi nouvelle? Son empire serait inondé de sang, tant est grand le nombre des chrétiens. Il nous est impossible de les connaître tous; car je ne sais pas si vous êtes des leurs, et vous ne savez pas si j'en suis. Je ne ferai donc pas, sans de nouveaux ordres, arrêter ceux que vous m'indiquez.

Gibonoskio refusa également de mettre des gardés au couvent des Jésuites, en disant qu'il appartenait au père Rodriguez, interprète de l'empereur; mais le lendemain (10 décembre 1596), il ne crut pas pouvoir se dispenser d'obéir à l'injonction qui lui en avait été faite.

Ce jour-là, il fut appelé au conseil impérial, ainsi que les principaux ministres et plusieurs autres dignitaires.

— Vous connaissiez mes décrets, lui dit Taïco-Sama ; comment donc avez-vous permis aux religieux venus des Philippines et aux autres Pères de prêcher publiquement la religion du Christ?

— Sire, répondit Gibonoskio, j'ai appris en effet que les religieux venus de Manille enfreignaient les édits; je les ai avertis de s'y conformer; ils m'ont répondu que Faxégava, les ayant pris sous sa protection, leur avait obtenu de Votre Majesté le libre exercice de leur religion. Quant aux autres Pères, je les ai fait surveiller de près et je ne les ai jamais surpris en contravention. Le gouverneur de Nangasaki leur rend le même témoignage; et si quelqu'un d'entre eux n'a pas fait preuve d'une entière soumission à l'édit, ce ne peut être que le père Organtin.

Gibonoskio n'était pas chrétien; mais son cœur était plein d'humanité; il voyait avec douleur la persécution sur le point d'éclater, et s'il accusait le père Organtin, c'était pour détourner des autres religieux la colère de l'empereur; car il savait que ce vénérable vieillard n'avait rien à craindre de Taïco-Sama, qui le recevait avec bienveillance.

Le conseil se sépara sans qu'aucun ordre positif eût été donné; mais le lendemain, Gibonoskio fut appelé au palais, et l'empereur lui dit simplement de mettre à mort tous les Pères. Le gouverneur n'osa risquer aucune observation; mais il ne se pressa pas de faire exécuter la sentence; et le 12 décembre, il pria Taïco-Sama de motiver la sentence qui devait être portée contre les Pères et de décider si elle atteindrait tous les réligieux établis au Japon ou seulement ceux qui avaient publiquement violé les édits.

L'empereur était surtout irrité contre les Franciscains, qu'il supposait envoyés par les Espagnols pour lui enlever ses États; il se plaignit encore de la hardiesse avec laquelle ils avaient prêché la religion proscrite, et déclara qu'ils avaient mérité la mort. Gibonoskio n'essaya pas d'obtenir leur grâce, il comprit que ses efforts seraient inutiles; mais il insista sur l'obéissance des autres Pères, et sut inspirer à l'empereur le désir de les épargner. Taïco-Sama lui ordonna même de faire savoir promptement au père Rodriguez, son interprète, que l'arrêt porté contre les Franciscains ne regardait point les Jésuites, et il eut aussi l'attention de faire rassurer le père Organtin.

L'empereur croyait que la nouvelle de cette sentence avait jeté tous les chrétiens dans la consternation. Il se trompait complétement. On désignait volontiers alors sous le nom de Pères, non-seulement les religieux, mais ceux des Japonais qui s'étaient spécialement attachés à eux, et même souvent les chrétiens en général.

Quand on avait appris que tous les Pères étaient condamnés, chacun s'était réjoui de donner sa vie pour la foi et d'acheter la gloire éternelle au prix de passagères souffrances.

Ce fut donc pour toute cette fervente chrétienté plutôt une déception qu'une joie de voir la couronne du martyre réservée à un petit nombre d'élus.

Il y avait au couvent de Méaco cinq religieux franciscains. Les Pères furent chargés par Gibonoskio de dresser la liste des Japonais appartenant à leur communauté. Cette liste était d'abord de cent soixante-dix; le gouverneur la fit réduire et la réduisit ensuite lui-même à douze. Il ne se trouvait au couvent d'Ozaca qu'un seul Franciscain et trois Japonais; mais soit erreur, soit malveillance, on fit partir avec eux trois Jésuites, que l'arrêt ne concernait point.

Le nombre des condamnés se trouva ainsi fixé à vingt-quatre, et leur sentence leur fut signifiée en ces termes :

« Après que l'empereur, dans les années écoulées, eut prohibé la loi qu'enseignaient les Pères, d'autres Pères sont venus habiter dans la capitale et enseigner la même loi. Pour cette cause, ils sont condamnés avec les Japonais qu'ils ont convertis à leur foi, tous ensemble au nombre de vingt-quatre, et vous les crucifierez à Nangasaki. Et attendu que, pour l'avenir, Sa Majesté prohibe de nouveau cette loi de la manière la plus rigoureuse, sachez qu'il ordonne d'observer son décret très-absolument. Et s'il arrive que quelqu'un contrevienne audit décret, le contrevenant, *avec toute sa race*, sera puni de mort. »

Les vingt-quatre victimes devaient partir de Méaco pour Nangasaki lorsqu'elles seraient toutes réunies dans cette première ville. Au moment où les soldats chargés d'arrêter les Pères de Méaco se présentaient au couvent, un frère japonais, nommé Matthias, était absent, ses fonctions l'obligeant à pourvoir aux besoins de la communauté.

On l'appelait donc en vain, quand un autre chrétien qui portait le même nom vint prendre sa place ; le premier ne fut pas recherché, et le second, heureux de voir son sacrifice accepté, suivit ses généreux compagnons, en remerciant Dieu de l'associer à leurs souffrances et à leur gloire.

V.

Les vingt-six Martyrs sont crucifiés.à Nangasaki.

Les vingt-quatre martyrs devaient, avant de subir le
supplice de la croix, avoir les oreilles et le nez coupés,
puis, ainsi mutilés, être traînés sur des chars à travers
les rues de Méaco. Gibonoskio crut pouvoir adoucir la
sentence, et se contenta de leur faire enlever le bout
de l'oreille gauche.

Le 3 janvier 1597, les pieux chrétiens furent tirés de
leur prison et conduits, les mains liées au dos, jusqu'à
la grande place où les attendaient les exécuteurs. Ils
avaient passé la nuit en prières, remerciant Dieu de les
avoir choisis pour confesser le nom de Jésus-Christ, et
le suppliant de les soutenir jusqu'à la fin, de peur que
la couronne qui leur était promise ne vînt à leur
échapper.

La joie rayonnait sur leurs fronts quand les bourreaux s'emparèrent d'eux, et, dans leur sainte ferveur, ils regrettaient que leur supplice eût été adouci par l'humanité de Gibonoskio. Après qu'ils eurent versé les premières gouttes de leur sang, on les fit monter sur huit chars préparés à l'avance, et la promenade infamante commença. Mais cette promenade, regardée au Japon comme le comble de l'ignominie, devint pour les martyrs un véritable triomphe.

Une foule immense encombrait les rues, et toute cette population, émue et recueillie, s'inclinait en versant des larmes sur le passage des généreux chrétiens. Ils allaient à la mort comme à une fête, et, les yeux levés au ciel, ils chantaient d'une voix inspirée le *Pater* et l'*Ave, Maria.*

La vue de leur pieuse allégresse transportait leurs frères, et sur le passage du cortége éclatait à chaque instant ce cri : « Nous aussi nous sommes chrétiens ! Nous aussi nous voulons mourir pour notre foi. » Les soldats étaient obligés de repousser les hommes, les femmes, les enfants, qui s'attachaient aux chars et demandaient à y prendre place. Le même empressement se manifesta aux abords de la prison, où l'on ramena les bienheureux pour y passer la nuit; et si l'on en eût ouvert les portes à tous ceux qui désiraient partager le sort des Pères, le nombre des martyrs eût effrayé les persécuteurs.

Le lendemain, les pieuses victimes furent données en spectacle dans les rues d'Ozaca, puis dans celles de Sacaïa, et partout l'impression fut la même qu'à Méaco, Les païens eux-mêmes ne pouvaient se défendre d'une pitié profonde, à la vue de ces condamnés dont le seul crime était de professer une religion différente de la leur; ils criaient à l'injustice, surtout en admirant la ferme contenance de ces martyrs, dont plusieurs n'étaient encore que des enfants. L'indignation fut si grande à Ozaca, que le gouverneur, craignant un soulèvement, fit répandre le bruit que les religieux franciscains seraient mis à mort, mais que la clémence impériale ferait grâce aux autres.

De Sacaïa, les martyrs furent dirigés sur Nangoïa, où Fazamburo, sous-gouverneur de Nangasaki, avait ordre de venir les attendre. On était au cœur de l'hiver, et les prisonniers, mal vêtus et mal nourris, avaient à faire six cents milles avant d'arriver au lieu désigné pour leur supplice. Ils allaient à pied, entourés de satellites, dont l'un portait au haut d'une pique l'arrêt qui les condamnait. L'empereur avait ordonné qu'ils traversassent ainsi une grande partie de ses États, pour que leur vue inspirât aux chrétiens une terreur salutaire; mais il avait compté sans le courage et la patience de ces saints martyrs; car le spectacle de leur joie ne pouvait que donner de nouveaux prosélytes à la religion pour laquelle ils allaient mourir.

Les bonzes le comprirent et murmurèrent; mais cette glorification de la doctrine évangélique entrait sans doute dans les desseins de la Providence, puisqu'un homme aussi habile que Taïco-Sama s'était trompé si complétement sur le résultat de ces mesures.

Chemin faisant, les prisonniers furent assistés par les Pères de la compagnie de Jésus et par les chrétiens japonais. Deux de ces derniers se dévouèrent surtout à leur service. L'un, nommé Fahélenté, était resté, malgré les menaces et les coups, accroché à un des

chars qui portaient les bienheureux dans les rues de
Méaco; il les avait suivis à Ozaca, puis à Sacaïa, et
n'avait pu se décider à les abandonner. Pierre Sukégiro
se joignit à lui, et tous deux, pour prix de leur charité,
obtinrent, comme ceux auxquels ils s'étaient dévoués,
la palme du martyre.

Le 1er février, Fazamburo, qui s'était avancé de Nangoïa jusqu'à Carazu, reçut, des mains des gardes qui les
avaient escortés, les vingt-six condamnés au supplice
desquels il devait présider. Il reconnut parmi eux Paul
Miki, frère et catéchiste de la compagnie de Jésus, avec
lequel il avait été lié d'une étroite amitié.

— Eh quoi! lui dit-il, vous aussi, vous vous êtes
laissé gagner à la doctrine de ces étrangers; mais vous
y renoncerez, n'est-ce pas? pour que je n'aie pas la
douleur de vous voir mourir.

— Quand on meurt pour défendre la vraie religion, la
mort est une grâce, mon ami, répondit Paul.

— Mais vous êtes jeune, reprit Fazamburo, et vous
pouvez prétendre à un bel avenir. Dites un mot, et je
vous délivrerai.

— Je ne veux pas de la liberté que vous m'offrez; ce
serait la payer trop cher que de l'acheter par une apostasie; mais puisque vous n'avez pas oublié notre ancienne amitié, accordez-moi ce que je vais vous demander.

— Parlez, Miki, et s'il dépend de moi de faire quelque
chose qui vous soit agréable, vous m'y trouverez tout
disposé.

— C'est une grande faveur que je vais solliciter de
vous, une faveur à laquelle j'attache le plus grand prix.
Quand nous serons arrivés à Nangasaki, laissez-nous le

temps de nous confesser et de communier avant de mourir.

— Vous l'aurez, dit Fazamburo, et je regrette de ne pouvoir vous témoigner autrement combien je suis affligé de votre sort.

Fazamburo aperçut alors parmi les prisonniers un enfant, dont il s'approcha. C'était un petit Japonais, nommé Louis, qui servait les Pères à l'autel et qui avait été arrêté avec eux. Il avait onze ans.

— Mon ami, lui dit le sous-gouverneur, votre vie dépend de moi. Si vous le voulez, je vous délivrerai et je vous prendrai à mon service.

— Que le père Pierre dise ce que je dois faire, répondit l'enfant. Je lui obéirai.

Le père Pierre-Baptiste répondit que Louis accepterait avec reconnaissance, pourvu qu'on lui permît de rester chrétien; mais Fazamburo ayant déclaré qu'il devrait renoncer à sa religion, l'enfant s'écria, sans la moindre hésitation :

— S'il faut que je renonce à ma religion, j'aime mieux renoncer à la vie; car, pour cette vie d'un moment, je perdrais celle de l'éternité.

Deux Jésuites demeurés libres, les pères Pazio et Rodriguez, comprenant le désir qu'éprouvaient les martyrs de recevoir les derniers sacrements, s'étaient rendus à Sononcho, pour leur offrir cette suprême consolation. Les prisonniers les accueillirent comme des envoyés du ciel; mais ils eurent à peine le temps d'échanger avec eux quelques paroles; car l'ordre d'avancer le départ des condamnés avait été donné par Fazamburo.

Le père Pazio reprit immédiatement la route de Nangasaki, où le sous-gouverneur avait précédé le cortége.

Le père Rodriguez resta quelques instants de plus avec les religieux franciscains, et le père Pierre-Baptiste, le prenant à l'écart, fit acte de profonde humilité en le priant, comme représentant de la compagnie de Jésus, de vouloir bien pardonner aux Franciscains les peines et les inquiétudes qu'ils avaient pu leur causer.

Le père Rodriguez ne put retenir ses larmes, et il répondit à cette prière en demandant aussi pardon des torts que les Jésuites pouvaient avoir à se reprocher envers les religieux de Saint-François; puis ils s'embrassèrent avec effusion et se quittèrent en se donnant rendez-vous à Nangasaki.

Le père Pazio, qui y était arrivé avant eux, alla trouver Fazamburo, et, lui rappelant la promesse faite à Paul Miki, il lui demanda de différer le crucifiement jusqu'à ce que les prisonniers eussent rempli leurs devoirs religieux.

— Je le voudrais, répondit Fazamburo; j'avais même retenu pour Miki et pour ses compagnons une hôtellerie, où ils auraient pu converser librement avec les autres Pères; mais les chrétiens accourent de tous côtés, et l'agitation est si grande dans tout le pays, que je crains une révolte. Si elle arrivait, l'empereur m'en rendrait responsable, et je redoute sa colère. J'ai dû, pour cette raison, faire changer le lieu du supplice; et si vous voulez vous rendre à l'ermitage Saint-Lazare, où passeront les condamnés, on les laissera s'arrêter quelque temps avec vous avant de les mettre à mort.

Le père Pazio, ne pouvant obtenir davantage, ne manqua pas du moins de se trouver au lieu indiqué. Le père Rodriguez était avec lui. Les vingt-six martyrs avaient été embarqués la veille au soir pour faire le reste du trajet qui les séparait encore de Nangasaki. En les faisant descendre dans le vaisseau, on leur avait mis la corde au cou, comme pour leur donner un trait de ressemblance de plus avec le divin Maître.

Un des officiers de Fazamburo avait accompagné Pazio et Rodriguez et les avait autorisés, de la part du sous-gouverneur, à entendre la confession des religieux de leur ordre, mais non celle des autres condamnés. Le père Pazio resta à l'ermitage Saint-Lazare, tandis que son confrère allait au-devant des martyrs.

— Chers frères, leur dit-il, dès qu'il les rencontra, dans peu d'instants vous allez mourir.

Une exclamation de joie lui répondit, et tous ensemble continuèrent leur route en chantant les louanges de Dieu. Arrivés à l'ermitage, ils firent halte pendant quelques instants. Les Franciscains se confessèrent entre eux, pendant que les Jésuites remplissaient le même devoir et que le père Rodriguez donnait l'absolution aux autres condamnés et leur parlait du ciel, dont le martyre allait leur ouvrir l'entrée.

L'ordre de marcher au supplice interrompit son discours. Les prisonniers, qui s'étaient agenouillés pour l'écouter, se levèrent aussitôt et coururent avec un joyeux empressement vers la colline sur laquelle ils allaient être crucifiés.

— Qu'ont-ils donc à courir ainsi? demanda le sous-gouverneur au père Pazio, et d'où vient la joie qu'ils témoignent dans un si terrible moment?

— Ils sont heureux, répondit le Jésuite, parce qu'ils vont mourir pour leur Dieu.

Les vingt-six croix étaient déposées à terre; on désigna à chacun des martyrs celle qui lui était destinée.

Le père Pierre-Baptiste demanda d'avoir les pieds et les mains cloués à la sienne; mais on l'y attacha, comme les autres, avec des cordes et un collier de fer.

Au moment où les bourreaux allaient commencer leur œuvre, un des prisonniers, nommé Antoine, et âgé seulement de treize ans, fit preuve d'un courage héroïque en résistant aux larmes de son père et de sa mère, qui le suppliaient de renoncer pour un temps à sa religion, sauf à y revenir quand la mort ne serait plus à craindre.

Fazamburo joignit ses instances aux leurs; mais le saint enfant demeura sourd aux promesses du gouverneur, et alla prendre possession de sa croix.

Un autre père et une autre mère avaient aussi suivi les prisonniers. Ils s'approchèrent de leur fils, jeune homme de dix-neuf ans, et, loin de chercher à combattre sa résolution, ils l'engagèrent à mourir courageusement pour la foi.

Les vingt-six croix, chargées de leurs précieux fardeaux, furent élevées à peu près en même temps. Une forte haie de soldats entoura les martyrs, afin que les chrétiens ne pussent approcher d'eux; mais le père Pazio et le père Rodriguez obtinrent de pénétrer dans l'enceinte, et plusieurs y entrèrent après eux, malgré les efforts des gardiens.

Les crucifiés attendirent en priant et en chantant des psaumes le coup qui devait leur ôter la vie. Au signal donné par Fazamburo, les bourreaux s'approchèrent et leur percèrent la poitrine de deux lances qui, entrant par le côté, allaient sortir par l'épaule opposée. Leur sang jaillit, la foule consternée jeta un cri, et les anges conduisirent au pied du trône de l'Éternel les premiers martyrs du Japon.

Les chrétiens rompirent la haie formée par les soldats et se précipitèrent pour recueillir le sang des bienheureux ; un de leurs bourreaux, qui avait apostasié, demanda sur-le-champ à rentrer dans le sein de l'Église ; plusieurs païens, témoins de leur constance, embrassèrent une religion qui donnait le courage de mourir ainsi, et Fazamburo se retira en pleurant.

Vers le soir, le gouverneur permit à l'évêque du Japon de sortir de la maison où on l'avait forcé de rester pendant le supplice de ses enfants. Il se rendit avec les missionnaires de Nangasaki sur la colline, qui devait être appelée désormais le Champ des Martyrs, et il se prosterna devant ces augustes défenseurs de l'Évangile.

Les jours suivants, le Champ des Martyrs fut visité par une foule immense. Le bruit s'étant répandu qu'on voulait enlever ces saints corps, Fazamburo fit fermer le lieu du supplice et défendit, sous les peines les plus sévères, que personne essayât de franchir les barricades qu'il y avait fait élever. Cette défense eût sans doute été inutile ; mais l'évêque, craignant que ces démonstrations n'attirassent sur la chrétienté de nouvelles persécutions, menaça d'excommunier quiconque essaierait de pénétrer dans l'enceinte arrosée du sang des martyrs.

On continua d'y venir en pèlerinage, mais sans bruit et sans éclat.

« Le roi d'Arima et le prince d'Omura y vinrent aussi, dit Charlevoix dans son *Histoire du Japon*. Le premier était accompagné de toute sa cour, et le second, qui était ami de Paul Miki, lequel lui avait écrit la veille de sa mort une fort belle lettre, pria l'évêque de lui envoyer le corps du saint martyr, quand il pourrait l'avoir. La princesse son épouse, la princesse Marine, sa sœur aînée, et quantité d'autres personnes du premier rang, firent aussi le même pèlerinage, et l'on ne saurait croire la ferveur qu'excita dans tous les cœurs la vue de ces précieux restes de tant de saints. »

Leur martyre causa une si profonde impression dans tout le Japon, qu'un grand nombre de païens demandèrent le baptême, et que notre sainte religion, proscrite et persécutée, y devint plus florissante que jamais.

Depuis cette époque, le Champ des Martyrs fut toujours salué par le canon des vaisseaux portugais, à leur entrée dans le port de Nangasaki. Les relations disent que les corps des bienheureux furent respectés par les oiseaux de proie, et que leurs reliques allèrent enrichir les églises et les oratoires particuliers.

Quelque temps après le martyre des religieux envoyés par le gouverneur des Philippines, ce même gouverneur fit demander compte de leur mort à Taïco-Sama. L'empereur répondit qu'ils avaient mérité ce châtiment, en prêchant, malgré ses édits, la religion du Christ; et comme les ambassadeurs désiraient emporter leurs restes, Taïco-Sama leur en accorda l'autorisation.

Il s'opéra par l'intercession de ces saints un grand nombre de miracles; aussi, neuf ans après leur glorieux martyre, le pape Paul V ordonna que les procédures relatives à leur béatification et à leur canonisation fussent commencées.

« Il y a, pour ainsi dire, trois degrés dans la canonisation des héros de l'Église, dit M. Chantrel dans sa relation de la canonisation des martyrs du Japon. Ces héros reçoivent successivement le titre de *vénérables*, de *bienheureux* et de *saints*.

« Les personnes mortes en odeur de sainteté reçoivent d'abord le titre de *vénérables*, qui ne préjuge rien.

« Le titre de *bienheureux* est donné par l'acte de la béatification, acte par lequel le pape déclare que telle personne jouit du bonheur céleste. On ne procède à ces actes qu'après les informations les plus minutieuses. La béatification n'est d'ailleurs que comme le préliminaire de la canonisation. C'est une espèce de permission provisoire, restreinte par sa nature à l'étendue des lieux et à la qualité des personnes. Une ville, une province, un ordre, un diocèse peuvent honorer d'un culte public les bienheureux ; mais ce culte ne s'étend pas à l'Église universelle. Quelquefois on approuve un office particulier, qui ne se récite qu'en secret et sans préjudice de celui du jour. Il faut un indult du pape pour ériger des autels au nom d'un bienheureux, ou même pour exposer dans une église son portrait ou ses reliques.

« Le titre de *saints*, conféré par la canonisation, donne aux héros chrétiens droit à sept honneurs différents :

« 1° Leurs noms sont inscrits dans le calendrier ecclésiastique, dans les martyrologes, dans les litanies et dans les autres diptyques sacrés ; tous les fidèles sont tenus de les regarder comme saints et de les appeler saints.

« 2° On les invoque publiquement dans les prières et dans les offices solennels de l'Égise.

« 3° On dédie à Dieu, sous leur invocation, des temples et des autels.

« 4° On offre en leur honneur le sacrifice adorable du corps et du sang de Jésus-Christ.

« 5º On célèbre le jour de leur fête, qui est ordinairement l'anniversaire de leur mort, que l'Église appelle dans son langage surnaturel les *Natalitia* ou la Nativité.

« 6º On expose leurs images dans les églises, et ils y sont représentés la tête environnée d'une couronne de lumière ou auréole, signe de la gloire dont ils jouissent dans le ciel.

« 7º Leurs reliques sont classées dans des châsses précieuses, affectées à la vénération du peuple et portées avec pompe dans les processions solennelles.

« Le pape Benoît XIV, dans son savant *Traité de la béatification et de la canonisation*, définit ce dernier acte : la sentence définitive par laquelle le souverain pontife décide qu'une personne, déjà comptée parmi les bienheureux, doit être inscrite au catalogue des saints, et honorée dans tout l'univers catholique du culte qu'on rend aux autres saints.

« L'usage de la canonisation est très-ancien dans l'Église. On en trouve des traces dans une lettre de saint Cyprien, évêque de Carthage, qui vivait au milieu du III siècle. On n'honora d'abord d'un culte public que les martyrs ; mais, après la paix de Constantin, ce culte s'étendit aux saints confesseurs de la foi qui, sans avoir versé leur sang pour Jésus-Christ, l'avaient honoré par l'héroïsme de leurs vertus chrétiennes ; ce qui est juste en soi et très-utile pour tous. Rien de plus juste, en effet, que d'accorder à une vertu extraordinaire des honneurs extraordinaires, comme on le lit dans l'Écriture sainte : Que les peuples racontent leur sagesse et que l'Église annonce leur louange (*Eccl.*, XLIV). Rien de plus utile en même temps pour nous, tant à cause des nouveaux patrons et intercesseurs que nous obtenons de Dieu, qu'à cause des encouragements que nous donne l'exemple de leurs vertus. Ainsi se fait-il un admirable échange entre l'Église militante et l'Église triomphante, sous un seul chef, qui est le Christ, dont le pontife romain tient la place sur la terre.

« La canonisation, étant un acte qui s'adresse à l'Église universelle, est essentiellement réservée au souverain pontife, qui a seul autorité et juridiction sur toute l'Église.

« Les abus qui s'étaient introduits dans les béatifications locales faites par les évêques pour leurs diocèses, engagèrent les papes Alexandre III et Innocent III à les interdire; et, depuis lors, nul saint ne peut jouir d'un culte public sans l'approbation expresse du saint-siége.

« Les papes, chargés seuls ainsi de la canonisation des saints, se sont appliqués de toutes leurs forces à assurer la légitimité et la perfection d'un acte si solennel et si important. Afin de donner une idée complète de toutes les précautions qui sont prises pour s'assurer des vertus héroïques possédées par les saints, et des miracles opérés par Dieu, en témoignage de leur sainteté, il faudrait traduire ici tout l'ouvrage de Benoît XIV sur la béatification et la canonisation. Il y a tant d'examens, de témoignages, tant de procédures minutieuses, tant de discussions préliminaires de théologiens, de jurisconsultes, d'évêques, de cardinaux et de congrégations, qui se tiennent plusieurs fois sur chaque point, et en présence du souverain pontife, que, même selon les règles de la prudence humaine et de la critique la plus sévère, toute erreur est rendue absolument impossible.

« Mais la meilleure garantie se trouve dans la providence de Dieu, qui assiste d'une façon toute spéciale son Église, et qui ne peut permettre qu'elle tombe dans l'erreur en une matière si étroitement liée au culte et à la morale. Aussi saint Thomas, et avec lui tous les docteurs, établit-il que l'Église est infaillible dans la canonisation des saints; il appuie cette doctrine sur cette vérité que, dans l'Église de Dieu, il ne peut y avoir d'erreur condamnable, et c'en serait une certainement que de croire sainte et d'honorer comme telle une personne qui ne le serait pas.

« Saint Thomas, examinant ensuite les bases sur lesquelles est fondée cette infaillibilité de l'Église, les reconnaît non-seulement dans l'attention scrupuleuse des examinateurs, mais encore et surtout dans l'inspiration du Saint-Esprit, qui assiste l'Église, et qui pénètre et connaît tout, même les plus profonds secrets de Dieu. »

La commission nommée par le pape Paul V, pour examiner les faits relatifs aux vingt-six martyrs du Japon, ne termina son rapport au saint-siége que sous le pontificat d'Urbain VIII.

Ce rapport concluant qu'il y avait lieu de procéder à la canonisation des serviteurs de Dieu, et la cause ayant été examinée et discutée par la Congrégation des Rites, le pape décerna les honneurs de la béatification aux six Franciscains et aux dix-sept Japonais martyrisés avec eux, puis aux trois Jésuites, Paul Miki, Jean de Goto et Jacques Kisaï.

Les Jésuites n'avaient pas songé d'abord à demander la béatification des trois martyrs de leur ordre; mais les Franciscains supplièrent le saint-siége de ne pas séparer ceux qui avaient ensemble donné leur sang pour Jésus-Christ, et deux brefs distincts, l'un du 14, l'autre du 15 septembre 1627, furent donnés par le pape Urbain VIII.

Voici la traduction du premier, auquel le second est semblable, sauf les noms des béatifiés :

« C'est notre divin Sauveur Jésus-Christ qui donne au ciel la couronne de l'immortalité aux valeureux athlètes dont la mort a été précieuse à ses yeux. Tenant, quoique indigne, la place de ce souverain chef sur cette terre, nous aimons à seconder les pieux désirs des fidèles, et surtout des princes catholiques, lorsqu'ils tendent à augmenter la vénération due aux saints qui ont ainsi généreusement combattu, et à faire louer le Dieu auteur de leur sainteté.

« Notre cher fils, Pierre-Baptiste, procureur des Frères mineurs de l'Observance ou déchaussés, de la province des Philippines et du Japon, nous a fait exposer l'état de la cause de la canonisation de vingt-trois martyrs, savoir : de Pierre-Baptiste et de ses compagnons dudit ordre, dont six profès, et les autres vivant avec eux et les aidant; lesquels, pour le nom de Jésus-Christ, ont tous été crucifiés et percés de lances près de Nangasaki, ville du Japon. Cette cause, discutée d'abord par le tribunal de la Rote, l'a été ensuite, d'après nos ordres, par la sainte Congrégation des Rites, et nos vénérables frères, les cardinaux de cette Congrégation, sur le rapport de notre bien-aimé fils Muti, cardinal-prêtre du titre de Sainte-Prisca, ont jugé qu'il conste du martyre et des miracles, et qu'on peut désormais procéder à la canonisation actuelle de ces martyrs.

« Cette canonisation nous a été demandée non-seulement par le susdit procureur Pierre-Baptiste et ceux de son ordre, mais encore par notre cher fils Philippe, roi catholique, et notre très-chère fille en Jésus-Christ, Isabelle, reine catholique des Espagnes; par toute la ville de Manille, celle de Macao et d'autres, ainsi qu'il résulte des lettres qui nous ont été transmises.

« Et, en attendant que la canonisation solennelle ait lieu, les supérieurs dudit ordre, à cause de leur grande dévotion pour ces martyrs, nous ont humblement demandé de pouvoir en faire l'office et en dire la messe. C'est pourquoi, voulant, autant qu'il est en nous, donner satisfaction aux pieux désirs de ces supérieurs et leur donner ce témoignage de notre bienveillance spéciale, de l'avis des mêmes cardinaux, et en vertu de notre autorité apostolique, nous accordons, par les présentes, à tous les religieux de Saint-François, quelque part qu'ils soient, ainsi qu'à tous les ecclésiastiques séculiers du diocèse de Manille (vu que les principaux martyrs ont grandement travaillé à la foi en cette ville), la faculté de faire l'office et de célébrer la messe du Commun de plusieurs Martyrs, le jour de leur entrée au ciel, c'est-à-dire le 5 février....

« Donné à Rome, à Sainte-Marie-Majeure, sous l'anneau du pêcheur, le 14 septembre de l'an 1627, de notre pontificat le cinquième. »

Plus de deux siècles devaient s'écouler entre la béatification des vingt-six martyrs et leur canonisation. Enfin, le souverain pontife Pie IX a prononcé. Nous pouvons honorer leur glorieuse mort et répéter avec l'Église universelle :

« Saints Martyrs du Japon, priez pour nous ! »

VI.

Les six Religieux franciscains.

Nous allons donner maintenant quelques détails sur chacun des vingt-six martyrs, dont la canonisation a été l'un des plus beaux spectacles offerts à l'univers chrétien. On peut les partager en trois groupes : les six religieux franciscains, les dix-sept laïques japonais, qui faisaient partie du tiers-ordre de Saint-François, et les trois religieux jésuites.

SAINT PIERRE-BAPTISTE. — Né à Saint-Estevan, en Espagne, ce glorieux chef des martyrs du Japon se distingua de bonne heure par une tendre et fervente piété. Doué de tout ce qu'il fallait pour briller dans le monde, il sacrifia les succès qui l'y attendaient au désir de servir le Seigneur dans l'ordre de Saint-François. Sa profonde humilité, son savoir, sa sainteté furent appréciés de ses supérieurs, qui lui confièrent successivement diverses fonctions qu'il remplit avec un zèle admirable.

Brûlant du désir de porter aux infidèles la lumière de l'Évangile, il obtint de faire partie de la mission des Indes, où sa ferveur et sa charité brillèrent d'un nouvel éclat. Nommé gardien, puis commissaire de son ordre à Manille, il trouva que les devoirs de cette charge l'empêchaient d'être aussi recueilli, aussi uni à Dieu qu'il le souhaitait, et il demanda comme une grâce de rentrer parmi les simples frères. Il l'obtint et partagea son temps entre l'étude, la prière et la prédication.

Il jouissait d'une haute réputation de sainteté, quand il résolut d'aller partager au Japon les périls des missionnaires jésuites. Là, n'écoutant que le zèle dont son cœur était dévoré pour le salut d'un peuple assis à l'ombre de la mort, il annonça la doctrine du divin maître, sans songer aux menaces de l'empereur.

La persuasion coulait de ses lèvres, et il joignait au don de l'éloquence celui des miracles. Un jour de Pentecôte, on lui amena une jeune fille atteinte de la lèpre et si cruellement défigurée, qu'on ne pouvait la voir sans éprouver une profonte pitié. Pierre-Baptiste se mit en prière, et Dieu, voulant donner à ce peuple, encore chancelant dans sa foi, une preuve de la vérité de la doctrine annoncée par le saint religieux, permit aussitôt que la jeune fille fût guérie.

Nous avons raconté comment il avait fondé une seconde maison de son ordre à Ozaca et les efforts infructueux qu'il avait faits pour en établir une troisième à Nangasaki. Il était de retour à Méaco depuis peu de temps, quand éclata la persécution dont il devait être la victime. Il raconte lui-même, dans une lettre écrite à l'un de ses religieux, l'impression que cette nouvelle produisit parmi les chrétiens.

« Nous avons, dit-il, des gardes au dehors et à l'intérieur du couvent. Nos chrétiens sont condamnés à mort; c'est pour cela sans doute qu'on dresse la liste de leurs noms. Le premier jour qu'on nous a donné des gardes, tous ont voulu recevoir le sacrement de pénitence. Le père François et moi, nous avons passé la nuit entière à les entendre en confession. Un chrétien haut placé nous avait dit que le lendemain nous devions tous être mis à mort. Avant l'aurore, j'ai célébré la sainte messe et donné la communion à nos frères et à cinquante chrétiens, qui pensaient la recevoir pour la dernière fois. Puis, prenant nos crucifix, nous nous sommes tenus prêts à mourir pour Jésus-Christ. Ce même jour, avant le dîner, nous avons vu entrer et courir par tout le couvent plusieurs Japonais, suivis d'un officier du gouverneur Gibonoskio. Cet agent a fait amener chez lui nos catéchistes, Léon, Paul, Thomas, Ventura et Gabriel, et les retient dans sa maison. J'ignore ce qui doit être décidé. On dit qu'on nous fera mourir ou qu'on nous renverra aux Philippines. Avec l'aide de la grâce divine, nous préférons donner notre vie pour Jésus-Christ — quoique je sois, quant à moi, bien indigne d'un si grand bienfait, — plutôt que de retourner aux Philippines. »

« Mon frère Jérôme, écrivait-il encore peu de temps après, nous sommes condamnés à la mort de la croix pour avoir prêché le saint Évangile. On nous a coupé une partie de l'oreille, et l'on doit, assure-t-on, nous couper également le nez. Je vous prie et je vous ordonne, pour la consolation des chrétiens, et afin que l'ordre de notre père saint François ne périsse pas au Japon, de demeurer présentement caché. Recommandez-nous à Dieu, dont nous espérons recevoir une faveur insigne, en souffrant pour son amour. »

Pierre-Baptiste fut admirable de douceur, de patience et de charité pendant le dernier et pénible voyage des martyrs à travers le Japon. Il soutenait le courage de ses frères, par la pieuse allégresse avec laquelle il supportait ses souffrances, et il employait à prier tout le temps que ne réclamaient pas les saints devoirs de la charité.

N'ayant pu obtenir d'avoir les pieds et les mains percés comme son divin maître, le digne chef des martyrs, à peine attaché à sa croix, entonna le cantique *Benedictus*, que ses compagnons continuèrent, tandis que lui-même, ravi en extase, semblait être déjà dans le ciel.

Il était encore dans cette extase, quand un double coup de lance ouvrit à sa belle âme les portes de l'éternité. Il avait quarante-huit ans, selon les uns, et cinquante, selon les autres.

SAINT MARTIN DE L'ASCENSION. — Le frère Martin de l'Ascension, ou Martin d'Aguirre, naquit à Vergara, province de Guipuscoa, en Espagne. Savant théologien et très-versé dans les langues, il parlait le japonais mieux que les autres religieux ; aussi prêchait-il sans relâche et avec les plus heureux résultats. Il était au couvent d'Ozaca avec trois chrétiens japonais seulement, quand l'ordre fut donné d'arrêter les Pères. Sa joie égala celle des Franciscains de Méaco, et pendant le trajet de cette ville à Nangasaki, il ne cessa, pas plus que le père Baptiste, d'exhorter ses compagnons à se réjouir du bonheur qui les attendait, et à demander à Dieu la force de souffrir avec courage tout ce qu'il plairait aux persécuteurs de leur faire endurer pour la foi de Jésus-Christ.

« Dieu use à notre égard, leur disait-il, d'une miséricorde infinie. Pour un seul péché mortel nous avons mérité la peine éternelle de l'enfer, et il daigne nous la commuer en cette peine du moment. Implorons le secours de la grâce ; car l'homme est faible par lui-même, et il lui est difficile de supporter les tourments par les seules forces de la nature. Ayons donc recours, mes frères, à la très-sainte mère de Dieu, qui est le refuge des pécheurs, au glorieux saint François, à notre saint ange gardien, à tous les saints, et conjurons-les d'intercéder pour nous. »

Saint Martin de l'Ascension n'avait que trente ans, lorsqu'il reçut la palme du martyre.

SAINT FRANÇOIS BLANCO. — Né à Monterey, en Galice, ce religieux, aussi jeune que le précédent, ne tenait pas plus que lui à conserver sa vie, car il écrivait, de la prison de Méaco, à l'un de ses amis :

« Nous sommes dans l'attente du moment où il nous sera donné de verser notre sang pour l'amour de notre divin Sauveur. C'est ce qui nous cause une immense joie. Elle est augmentée par la consolation de voir les chrétiens si fervents, qu'ils souffrent du retard et qu'à leur gré les bourreaux sont trop lents à venir. Nous en sommes stupéfaits. Ils accourent en nombre de Fucimo et des montagnes éloignées. Ils disent hautement : « Si « les chrétiens sont condamnés à mourir à cause de leur « foi, nous voulons partager leur sort ; car, nous aussi, « nous sommes chrétiens. » On ne nous permet pas de communiquer avec eux. J'ai honte de moi-même, quand

je vois des hommes si récemment entrés dans le sein de
l'Église montrer un tel courage en face de la mort. »

SAINT PHILIPPE DE LAS CASAS OU DE JÉSUS. — Né
à Mexico, de parents espagnols, ce saint fut élevé dans
d'excellents principes; mais la fougue de la jeunesse
l'entraîna vers le plaisir, et il s'y livra de telle sorte, que
sa famille désolée le repoussa de son sein. La sévérité
de ce châtiment le fit rentrer en lui-même, et, se défiant
de sa faiblesse, il courut chercher un asile au couvent
des Franciscains. Mais il n'y trouva pas le calme heureux
des vrais enfants de Dieu; à l'ombre du cloître comme
au milieu du monde, son âme était bouleversée par l'o-
rage des passions; il désespéra d'en triompher et il rejeta
loin de lui le saint habit dont il s'était revêtu avec tant
de joie.

Ses parents, affligés de cette désertion, refusèrent de
l'accueillir sous leur toit, et l'envoyèrent en Chine, où
il devait s'occuper de commerce; mais en Chine, aussi
bien qu'au Mexique, sa principale occupation fut de courir après le plaisir. Toutefois, le souvenir de son couvent le suivait au milieu du tourbillon fatal auquel il
s'abandonnait; il avait des inquiétudes et des remords.
Souvent il se demandait quelle serait la fin de sa coupable ivresse, et plus il imposait silence à la voix de sa
conscience, plus elle devenait forte et menaçante.

Un jour enfin, la grâce triompha de ses résistances. Il
alla frapper à la porte du monastère des Anges à Manille,
et là, se jetant aux pieds des religieux, il les supplia
d'admettre dans leur communauté le plus grand des pécheurs. Dès lors il ne songea plus qu'à expier par les
austérités de la pénitence les égarements de sa jeunesse,

et, se rappelant les chagrins qu'il avait causés à ses parents, il implora leur pardon, en les invitant à louer avec lui le Dieu de miséricorde.

La pieuse famille reçut avec une joie extrême l'heureuse nouvelle d'une conversion si longtemps attendue ; elle félicita l'enfant prodigue, et demanda au supérieur qu'il fût permis au jeune frère de venir voir encore une fois ceux qui l'aimaient.

Philippe de Las Casas partit donc pour Mexico ; mais le galion *le Saint-Philippe*, sur lequel il s'était embarqué, fut, comme nous l'avons dit, obligé de relâcher au port de Firando, dans le Japon. D'après l'ancienne coutume du pays, les ministres de l'empereur confisquèrent la cargaison du navire, et pendant que le capitaine réclamait contre cette violation du droit des gens, le frère de Las Casas alla s'enfermer au couvent de Méaco, où il espérait recevoir les ordres sacrés.

Il y était encore, lorsque Taïco-Sama décréta la mort des pères franciscains. Arrêté avec eux, le jeune religieux ne songea point à réclamer contre l'arrêt qui le condamnait ; il se réjouit de pouvoir laver dans son sang les souillures faites à sa robe d'innocence, et sa sainte ardeur ne se démentit pas un instant.

Quand il aperçut la croix qui lui était destinée, il se jeta à genoux et la baisa, en s'écriant :

« O bienheureux navire, ô galion à jamais béni, dont l'infortune, loin de m'avoir été préjudiciable, m'a procuré le plus précieux de tous les biens ! »

Les croix du Japon supportent, vers le milieu, une sorte de billot destiné à soutenir le poids du corps ; dans celle du frère Philippe, ce billot avait été placé si bas, que, quand elle fut dressée, le collier de fer que le saint martyr avait au cou l'étranglait. Fazamburo, qui s'en aperçut, fit un signe au bourreau. Celui-ci s'approcha et perça de trois coups de lance la poitrine du jeune religieux, âgé seulement de vingt-trois ans.

SAINT GONZALÈS GARCIA. — Après avoir amassé une immense fortune au Japon, Gonzalès Garcia, né aux Indes, passa aux Philippines et s'arrêta à Manille, où il se trouva en relation avec les Franciscains. Leur vertu le toucha, et, pour partager leur sainte pauvreté, il abandonna sans regret les trésors qu'il avait acquis au prix de tant de fatigues et de travaux.

Il entra au couvent des Anges, en qualité de frère lai ; comme il connaissait très-bien la langue du Japon, le père Pierre-Baptiste le choisit pour l'accompagner dans ce pays. Ceux qui l'y virent couvert de bure et les pieds nus, après avoir été les témoins de son opulence, furent frappés de ce renoncement volontaire à ce que les hommes recherchent avec tant de passion, et cet exemple si rare amena de nombreuses conversions. L'empereur lui-même, se souvenant d'avoir entendu parler de ce religieux comme d'un des plus riches négociants de son empire, admira son désintéressement. Il voulut le voir et parut le prendre en affection, ce qui n'empêcha pas Gonzalès d'être condamné à mort comme les autres Franciscains. Il est vrai que ce fervent religieux, loin de vouloir faire appel à la faveur impériale, se réjouit de partager le sort de ses frères.

Attaché à la croix, il rendit témoignage à la vérité de l'Évangile, et il exhorta de toutes ses forces le peuple qui entourait les martyrs à renoncer aux idoles, pour embrasser la foi de Jésus-Christ.

Ses dernières paroles furent la prière du bon larron :
« Seigneur, souvenez-vous de moi ! » *(Domine, memento mei....)*

SAINT FRANÇOIS DE SAINT-MICHEL. — Le frère François de Saint-Michel, né en Espagne, à Padilha, près de Valladolid, était une de ces âmes d'élite que le Seigneur semble s'être réservées dès leur première jeunesse. Sa piété le porta d'abord à entrer chez les Cordeliers ; mais l'austérité de cet ordre ne répondant pas encore à sa ferveur, il passa chez les Franciscains de l'étroite observance, et y donna l'exemple des plus admirables vertus.

Envoyé aux îles Philippines, il y prêcha avec d'autant plus de succès que Dieu confirma sa parole par des miracles. Ses historiens rapportent qu'il guérit, en faisant le signe de la croix, la piqûre d'un serpent dont le venin est mortel. Ils disent encore que le saint, appelé près d'une femme indienne qui se mourait et qui ne parlait plus depuis longtemps déjà, fit sur la bouche de la malade le signe de la croix, et qu'aussitôt cette femme recouvra la parole, et demanda le baptême, que le religieux s'empressa de lui conférer.

Le frère François était doué d'une mémoire si prodigieuse, qu'on la regardait comme un don surnaturel ; il apprit en fort peu de temps la langue japonaise, et le père Pierre-Baptiste, croyant ne pouvoir s'associer un plus digne compagnon, le choisit pour faire partie de cette mission qui devait se terminer par le martyre.

Les prédications de ce saint religieux portèrent des fruits abondants. Rien ne lui coûtait pour convaincre et toucher son auditoire. Un jour qu'il entretenait la foule des souffrances endurées par Jésus-Christ pour racheter

les hommes, il crut voir qu'on l'écoutait avec un peu de
froideur. Alors, sans hésiter, il découvrit ses épaules, se
fit lier les mains et ordonna à un des assistants de le
frapper de cordes. Il reçut les coups sans jeter un cri,
sans pousser une plainte, et quand ceux qui l'entouraient
témoignèrent leur douleur en le voyant meurtri et san-
glant, il leur dit qu'il avait voulu, en se soumettant à ce
supplice, leur donner une faible idée de la passion du
divin Sauveur, dont la flagellation n'avait été que le pré-
lude.

Ce trait suffira pour faire comprendre avec quelle joie
notre saint apprit que la mort de la croix lui était réservée. Ses rêves les plus ambitieux ne s'étaient jamais
élevés jusqu'à un tel bonheur; il le reçut en rendant
grâces à Dieu, avec des transports d'allégresse auxquels
son dernier soupir put seul mettre un terme.

Les trois premiers religieux franciscains sur lesquels
nous venons d'écrire ces notices, étaient prêtres; le
quatrième n'était encore que clerc; les deux derniers
étaient frères lais.

VII.

Les dix-sept Laïques japonais.

1. **SAINT COME TACHEGIA**, du royaume d'Oaris, avait été récemment baptisé, quand il fut arrêté à Ozaca avec le père Martin de l'Ascension, auquel il servait d'interprète.

2. **SAINT MICHEL KOSAKI**, originaire du royaume d'Isc, était fabricant de flèches, et habitait près du couvent des Franciscains de Méaco. Il aimait ces religieux, auxquels il avait confié son fils Thomas, l'un des trois enfants qui devaient partager avec les Pères la couronne du martyre. Le nom de Michel et celui de Thomas furent inscrits sur la liste des condamnés; ils se rendirent ensemble au lieu du supplice, et Dieu les reçut en même temps dans les tabernacles éternels.

3. SAINT THOMAS KOSAKI n'était âgé que de qua-
torze ans ; mais dans un âge si tendre, il avait déjà le
courage qui fait les héros et les saints. Quand on lui fit
subir, comme aux autres martyrs, l'amputation de l'o-
reille, il dit au bourreau : « Coupez-la plus haut, si vous
voulez, et rassasiez-vous du sang chrétien. »

Les relations ne nous disent pas quels encouragements et quelles consolations échangèrent, pendant le
long et pénible voyage de Méaco à Nangasaki, ce père
et cet enfant qui allaient mourir pour la plus sainte des
causes. Mais tous ceux qui savent ce que peuvent inspirer l'amour paternel et la tendresse filiale, développés
et sanctifiés par une foi vive et un sublime dévouement,
comprendront ce que les historiens auraient vainement
essayé de raconter. Peu de jours avant de recevoir la
palme du martyre, ce saint enfant écrivait à sa mère :
« N'ayez aucune peine à notre sujet ; car nous allons
vous attendre dans le paradis. »

4. SAINT PAUL IBARKI, du royaume d'Oaris, servait
d'interprète aux Franciscains et avait depuis peu reçu le
baptême.

5. SAINT LÉON CARASUMARO, son frère cadet, était
chrétien depuis huit ans. Il exerçait les fonctions d'interprète et de catéchiste, avec beaucoup de zèle et de
charité. Il visitait et soignait les malades ; aussi s'était-il
fait une grande réputation de sainteté.

6. SAINT LOUIS, baptisé seulement depuis quelques
jours, avait onze ans à peine, quand on apprit que les
chrétiens allaient être mis à mort. Ce pieux enfant habi-

tait le couvent des Franciscains et servait les Pères à l'autel. Loin de paraître effrayé du sort qui le menaçait, il se réjouit de pouvoir faire à Dieu le sacrifice de sa vie.

Gibonoskio ayant chargé les religieux de dresser la liste des chrétiens attachés au monastère, le petit Louis demanda si son nom y serait inscrit; et sur la réponse négative qu'on lui fit, il pleura, il supplia tant, que les Pères lui promirent enfin cette récompense. Il laissa alors éclater sa joie, et il se prépara à la mort avec une piété angélique. Quand il sut que le gouverneur trouvait la liste trop longue et comptait réduire de beaucoup le nombre des victimes, il éprouva autant d'inquiétude que s'il eût été menacé de perdre tout ce qu'il avait de plus cher, et il ne se montra complétement rassuré que lorsqu'il se vit en prison avec les bons religieux.

Un personnage haut placé essaya alors de le décider à renoncer à sa foi; car on ne pouvait voir sans être ému jusqu'au fond du cœur un si jeune enfant condamné à mourir.

— J'aurai soin de vous, lui dit cet idolâtre; vous êtes jeune et intelligent, vous vous créérez un bel avenir; mais il faut que vous cessiez d'être chrétien.

— Non, répondit Louis, je ne renoncerai jamais à ma religion; c'est vous qui devez songer à changer la vôtre et à recevoir le baptême, puisqu'il n'y a pas d'autre moyen de se sauver.

On devait couper aux martyrs le nez et les oreilles; l'horreur d'un pareil supplice ne causait pas la moindre frayeur à cet enfant béni; il arriva gaîment au lieu où les bourreaux attendaient les chrétiens, supporta sans se plaindre l'amputation de l'oreille, et, debout sur un char avec Antoine et Thomas, ses amis, il ne cessa, pendant cette infamante promenade, de chanter, comme eux, les louanges de Dieu.

Leurs visages rayonnaient d'une joie céleste; ils ressemblaient à trois anges, et, sur leur passage, tous les yeux se mouillaient de larmes. Ni le froid, ni la fatigue, ni les privations qu'ils eurent à souffrir ensuite, pendant le long trajet de Méaco à Nangasaki, ne purent ébranler le courage de ces admirables enfants. Ils supportèrent tout avec une constance égale à celle de leurs saints compagnons, pour lesquels ce spectacle dut être le sujet d'une grande consolation.

Nous avons dit que Fazamburo, touché de la jeunesse de Louis, renouvela les offres qui déjà lui avaient été faites dans sa prison, et comment y répondit le docile enfant.

— Je ferai ce que le père Pierre jugera bon.

Quelle belle leçon pour la jeunesse, qui se montre si souvent orgueilleuse et volontaire! Il s'agit de sa vie, et le saint enfant ne veut rien décider de lui-même. Il attend que celui qui l'a instruit dans la foi se prononce.

Pierre-Baptiste voudrait sauver Louis, qu'il aime tendrement; mais précisément parce qu'il l'aime, il tient à savoir s'il peut l'arracher à la mort sans risquer le salut de son âme. Il demande donc si cet enfant de son cœur pourra rester chrétien.

— Non, dit Fazamburo, il faut qu'il abandonne sa foi; sa liberté et ma protection sont à ce prix.

Louis regarde le père Baptiste, et, sans lui laisser le temps de répondre, il s'écrie :

— A cette condition, je ne désire point de vivre; car pour cette courte et misérable vie je perdrais celle de l'éternité.

Il reprit sans regret sa place au milieu des captifs, et, en arrivant au lieu du supplice, il pria les bourreaux de lui indiquer sa croix. On la lui montra; il y courut en battant des mains et en répétant avec des transports de joie :

— Paradis!... Paradis!...

Sa croix se trouvait placée près de celle du père Pierre-Baptiste, et les regards de la foule se portaient surtout sur le glorieux chef des martyrs et sur ce tendre enfant, auquel la souffrance n'arrachait ni une plainte ni une larme. Ses yeux, au contraire, rayonnaient de bonheur, et il s'efforçait encore de lever ses mains vers le ciel, quand les anges, ses frères, en descendirent pour recueillir son âme.

7. SAINT ANTOINE, digne compagnon du petit Louis, et âgé seulement de treize ans, devait le jour à un père chinois et à une mère japonaise. Sa douceur, sa franchise, son amour de l'étude, sa docilité exemplaire, sa fervente piété le rendaient particulièrement cher au père Pierre-Baptiste, pour lequel il avait aussi une tendresse et une vénération profondes.

Le père et la mère d'Antoine habitaient Nangasaki ; ils étaient chrétiens, et, en apprenant que leur enfant était au nombre des martyrs, ils en avaient d'abord béni Dieu. Mais quand ils surent que les prisonniers approchaient de la ville où les attendait le dernier supplice, ils ne purent résister au désir de voir leur fils, et, en le revoyant, ils éprouvèrent une si violente douleur, que la voix de la nature étouffa dans leurs cœurs celle de la religion. Ils le couvrirent de larmes et de baisers, en le suppliant de vivre.

—Que ferais-je sans toi, mon cher fils ? lui dit sa mère. Aie pitié de ma douleur, et ne me condamne pas à te pleurer sans cesse. Rappelle-toi les soins que j'ai donnés à ton enfance, et tu ne voudras plus m'abandonner.

— Antoine, ajouta le père, songe que tu es tout notre amour, tout notre espoir. Nous t'avons élevé pour être la joie de nos vieux jours ; et à peine entré dans la vie, tu veux mourir.

— Il le faut, répondit Antoine ; car je suis chrétien.

— Mais nous aussi, nous sommes chrétiens, reprirent les parents, et nous ne te conseillerons jamais de renoncer à ta foi ; mais tu peux feindre de l'abandonner, sauf à la pratiquer en secret.

— Non, dit le généreux enfant ; il ne suffit pas de servir Dieu en secret, il faut confesser publiquement le nom de Jésus-Christ.

— Ce n'est pas d'un enfant qu'on peut exiger ce courage. Plus tard, mon fils, quand vous serez un homme, vous pourrez rendre témoignage à la religion, si l'occasion s'en présente ; ce qui ne manquera pas, soyez-en sûr. Mais à présent, vivez, nous vous en conjurons.

— Dieu me donnera, malgré mon jeune âge, la force dont j'ai besoin, répondit Antoine ; je sortirai vainqueur de la lutte ; car j'ai confiance en sa bonté. Cessez donc d'exposer notre sainte foi au mépris et à la risée des infidèles. Vos supplications sont inutiles, je suis résolu de verser mon sang pour le triomphe de la religion chrétienne.

Fazamburo, témoin de cette scène, s'approcha alors du jeune Antoine.

— Mon ami, lui dit-il, écoutez les conseils de votre

père et de votre mère. Retournez avec eux et soyez sûr
que je ne vous oublierai pas. Ils sont pauvres, mais je
vous prendrai dans ma maison, je vous traiterai comme
mon propre fils, je vous présenterai à l'empereur et
j'obtiendrai pour vous des richesses et des dignités.

— Vous me promettez de bien grandes faveurs, répondit l'enfant; mais dites-moi, pourrais-je en jouir
dans la maison des Pères et les partager avec eux?

— Non, dit le gouverneur, elles seront pour vous seul,
et vous savez à quelle condition vous les obtiendrez.

— Vous voulez que je renonce à la grâce de mon
baptême, reprit Antoine; mais ce serait une folie de
préférer les biens de ce monde à ceux de l'éternité. Je
suis chrétien, et je méprise vos promesses. Vous verrez
bientôt que la mort ne me fait pas peur. J'aime, au
contraire, la croix sur laquelle je vais être attaché, et
je désire ardemment mourir ainsi, pour l'amour de Jésus,
qui a voulu expirer aussi sur une croix pour nous sauver.

Le père et la mère pleuraient toujours; mais, per-
suadés de l'inutilité de leurs tentatives, et peut-être tou-
chés de la grâce divine, ils n'osaient plus rien ajouter.

— Ma mère, reprit l'enfant, en détachant le sabre
suspendu à son côté, gardez ceci en souvenir de moi.
Je vais au ciel et je prierai Dieu pour vous. Ne me pleurez pas; mais pleurez plutôt sur le sort de ces pauvres
infidèles. Il ne faut pas qu'ils puissent croire que vous
vous affligez de me voir mourir pour mon Dieu.

Les Japonais de tout âge et de toute condition portent
un long sabre, qu'on appelle *queimon*. Il est probable
que les prisonniers n'avaient pas été désarmés, précau-
tion qui devait, en effet, paraître inutile, puisque leur
plus grand désir étant de mourir pour leur foi, ils ne

pouvaient songer à tourner cette arme ni contre eux-mêmes ni contre leurs gardiens.

Une autre objection a été faite par les auteurs qui ont rapporté ce fait : c'est que les martyrs avaient les mains liées au dos, et qu'ainsi le jeune Antoine n'aurait pu détacher lui-même son queimon. Mais comme cette scène touchante se passait au lieu même du supplice, il est à croire que déjà les bourreaux avaient brisé les liens des captifs qu'ils allaient attacher à la croix.

Vainqueur d'une si terrible tentation, Antoine ne songea plus qu'à se réjouir; et quand il se vit élevé sur le bois où il allait être frappé, il pria le père Pierre-Baptiste d'entonner le psaume *Laudate, pueri, Dominum*. Le saint religieux, ravi dans une espèce d'extase, ne lui répondant pas, Antoine entonna lui-même ce cantique et le continua d'une voix assurée jusqu'à ce qu'il reçut le coup mortel.

O saints enfants, Louis, Antoine et Thomas, prenez sous votre protection toute spéciale la jeunesse chrétienne ! Demandez pour elle au Seigneur les vertus dont vos cœurs étaient ornés. Puissent vos exemples et votre intercession la rendre pieuse et lui apprendre à tout sacrifier pour demeurer fidèle à la loi de Jésus-Christ !

8. SAINT MATTHIAS. La couronne du martyre ne semblait pas être réservée à ce pieux néophyte. Il n'avait pas été inscrit sur la liste des chrétiens; mais au moment où les soldats se présentèrent au couvent de Méaco pour arrêter les prisonniers, il s'était joint à la foule qui tenait à donner à ces pieuses victimes un témoignage de sympathie.

L'officier chargé de l'arrestation appelait les uns après

les autres les noms portés sur la liste. Un Japonais qui se nommait aussi Matthias, et qui remplissait les fonctions de pourvoyeur du couvent, était absent lorsqu'on fit cet appel.

— Matthias! criait l'officier. Où est Matthias? Pourquoi ne vient-il pas?

— Voici un Matthias, dit le nouveau baptisé, en s'avançant vers les soldats; ce n'est pas celui que vous demandez; mais je suis chrétien comme lui.

— Cela suffit, dit l'officier, qu'on l'arrête avec les autres.

Ce généreux chrétien ne regretta pas un instant son sacrifice, et jusqu'à son dernier soupir il remercia Dieu qui l'avait substitué, quoique indigne, à l'un de ses fidèles serviteurs.

9. SAINT BONAVENTURE ou VENTURA. Ce saint martyr eut le bonheur de naître de parents chrétiens, qui le firent baptiser dès sa première enfance; mais devenu orphelin de bonne heure, il fut élevé dans le paganisme et entra même parmi les bonzes. Dieu, qui cependant avait sur cette âme des vues de miséricorde, ne permit pas qu'il demeurât longtemps ministre des idoles. En songeant à son père et à sa mère, morts dans la foi chrétienne, il se rappela qu'il avait reçu le baptême; comme la droiture de son esprit lui faisait voir la vanité des doctrines qu'il enseignait, il résolut d'étudier la religion des missionnaires, afin de savoir si elle l'emportait sur la sienne.

Il alla trouver les Franciscains et les pria de l'instruire. Dès leurs premières leçons la vérité de cette sainte loi lui fut démontrée; il rendit grâces à Dieu de l'avoir tiré des ténèbres pour l'amener à la pure lumière de l'Évangile, et il se hâta d'abjurer les erreurs qu'il avait enseignées. Les Pères trouvèrent en lui un catéchiste fervent et dévoué, qui, par ses relations et par son savoir, seconda utilement leurs efforts. Quand la persécution éclata, il ne voulut pas abandonner ceux qui lui avaient rendu une nouvelle vie en le faisant rentrer dans le sein de l'Église. Arrêté avec eux, il les suivit sur la croix et dans le ciel.

10. SAINT JOACHIM SACCAKIBARA. C'était un médecin japonais, qui soignait les malades dans les hôpitaux ouverts par les Franciscains. Il avait quarante ans, lorsqu'il mourut pour la défense de la foi.

11. SAINT FRANÇOIS DE MÉACO, de six ans plus âgé que saint Joachim, exerçait comme lui la profession de médecin. Il servait d'interprète aux religieux dans leurs prédications, et il composa plusieurs traités dans lesquels il s'efforçait d'établir la vérité et la sainteté de la religion, en réfutant les objections des idolâtres. Les Pères tenaient en haute estime ses lumières et sa piété.

12. SAINT THOMAS DANKI servait aussi d'interprète aux Franciscains. Né à Méaco, il avait reçu le baptême depuis plusieurs années, lorsqu'il eut, comme ses maîtres dans la foi, le bonheur de donner sa vie pour le triomphe du nom chrétien.

13. SAINT JEAN KIMOIA ne faisait pas partie du couvent des Franciscains; mais, habitant près de cette sainte retraite, il y venait assidûment pour profiter des

instructions et des exemples des Pères, qui l'avaient admis depuis peu à la grâce du baptême.

14. SAINT GABRIEL DE DUISCO, âgé seulement de dix-neuf ans, achevait ses études chez les Pères, quand l'empereur porta contre eux un arrêt de mort. Le jeune homme fit sans regret le sacrifice de l'avenir auquel il pouvait prétendre, et, comme les saints enfants dont nous avons répété les belles paroles, il méprisa les biens de la terre pour ceux de l'éternité.

15. SAINT PAUL SUZUKI était aussi savant que pieux. Il servait les Pères en qualité de catéchiste et d'interprète, et il avait composé pour l'instruction des nouveaux convertis plusieurs traités remarquables. On l'arrêta comme appartenant à leur communauté, et il partagea leur mort avec autant de joie qu'il avait partagé leurs travaux.

Il est à remarquer d'ailleurs que tous ceux qui furent arrêtés et condamnés le furent de leur propre volonté. Gibonoskio, non content de réduire à plusieurs reprises les listes dressées par les religieux de tous ceux des chrétiens qui leur étaient spécialement attachés, exigea en outre que la signature de chacun de ces chrétiens fût apposée sur la liste. Ils pouvaient, à leur gré, la donner ou la refuser, et le dévouement de ces généreux fidèles fut si grand, que si le gouverneur n'eût pas été animé d'un véritable sentiment d'humanité, il eût pu faire couler des torrents de sang. Mais il se contenta, comme nous l'avons dit, de choisir douze noms parmi ceux qui furent inscrits à Méaco; et les trois laïques arrêtés à Ozaca portèrent à quinze le nombre de ces bienheureux Japonais.

Il faut toutefois y ajouter les deux fervents chrétiens qui, sans avoir été arrêtés ni condamnés, subirent aussi le supplice de la croix.

16. SAINT FRANÇOIS FAHÉLENTÉ. Pendant que les chrétiens dont le martyre venait de commencer offraient à Dieu l'ignominie de la promenade à travers les rues de Méaco, un grand nombre de fidèles, jaloux de partager leur sort, s'approchaient des chars et s'y cramponnaient, malgré les rudes traitements des soldats préposés à la garde des prisonniers.

Tous lâchèrent prise sous le fouet, la lance ou le bâton ; mais François Fahélenté mit tant de constance à cette poursuite, qu'il parvint à se hisser sur l'un des chars et y demeura jusqu'à leur retour à la prison.

Quand les martyrs en sortirent le lendemain pour se rendre à Ozaca, et de là à Nangasaki, François les suivit. N'ayant pu se faire arrêter comme eux, malgré tout le désir qu'il éprouvait de mourir pour son Dieu, ce généreux néophyte voulut du moins accompagner ces élus du Seigneur, afin de les servir pendant leur pénible voyage. Il remplit ces saints devoirs de la charité avec une patience héroïque, et il ne se laissa rebuter ni par les injures ni par les mauvais traitements que lui prodiguaient les satellites de l'empereur. Désirant ardemment la mort, il ne craignait que d'être forcé d'abandonner ceux auxquels il s'était dévoué ; il communiquait donc hardiment avec les captifs, il leur donnait les soins les plus respectueux et les plus tendres, il implorait pour eux la charité des autres chrétiens et il employait à les soulager les aumônes dont on le rendait dépositaire.

Peut-être la vue de cet argent qu'il recueillait le long de la route suffit-elle pour tenter les soldats ; toujours est-il qu'à l'une des stations, François Fahélenté fut porté sur la liste des prisonniers et remis avec les autres aux mains des gardes chargés de les conduire à Nanga-saki.

17. PIERRE SUKÉGIRO, sur la ferveur et la charité duquel les Jésuites savaient pouvoir compter, fut choisi par eux pour remplir auprès des captifs la mission que François Fahélenté s'était imposée. Tous deux rivali-sèrent de courage et de zèle ; aussi reçurent-ils la même récompensé.

Privés en même temps de leur liberté, ils se félici-tèrent du bonheur que Dieu leur réservait dans sa misé-ricorde, et ne songèrent plus qu'à s'y préparer par le recueillement et la prière.

Lorsqu'ils arrivèrent à Nangasaki, le jésuite Rodri-guez, à qui Fazamburo avait permis de voir les prison-niers, réclama en faveur de Pierre et de François, qu'aucune sentence n'avait frappés. Le gouverneur refusa de faire droit à cette réclamation et même de surseoir à l'exécution de ces deux chrétiens, tant il avait peur d'attirer sur lui la colère de l'empereur.

Pierre et François furent donc crucifiés, et reçurent au ciel la récompense de leur courage et de leur cha-rité.

VIII.

Les trois Jésuites martyrs.

Les Jésuites, on se le rappelle, n'avaient pas été compris dans l'arrêt qui condamnait les Franciscains. Taïco-Sama avait ordonné lui-même qu'on les laissât en repos, Gibonoskio lui ayant assuré qu'ils respectaient la défense faite de prêcher l'Évangile et de célébrer les mystères du culte chrétien. Mais des gardes ayant été placés à la maison des Jésuites d'Ozaca, comme à celle des Franciscains, le gouverneur fit partir avec ces derniers, pour les prisons de Méaco, trois religieux japonais qui se trouvaient chez les Jésuites de cette ville. Voulait-il plaire à l'empereur en faisant preuve de zèle, ou croyait-il seulement obéir à la volonté du maître? Dieu seul le sait.

Dès que le vénérable père Organtin, auquel Taïco-

Sama avait fait porter de bonnes paroles quelques jours auparavant, sut que trois religieux de son ordre avaient été arrêtés, il alla trouver Gibonoskio, pour lui demander leur liberté. Le gouverneur avoua qu'on avait eu tort de les joindre aux autres prisonniers ; mais il n'osa ni prendre sur lui de les délivrer ni prier l'empereur de décider de leur sort.

— Sa Majesté, dit-il, ignore qu'il y a des Jésuites à Ozaca ; si elle l'apprend, sa colère augmentera, et peut-être un arrêt condamnant ces Pères, comme ceux des Philippines, sera-t-il aussitôt rendu.

Les instances du père Organtin ayant été inutiles, le pieux vieillard adora les desseins de la Providence, qui voulait que les deux ordres religieux établis au Japon eussent chacun leurs martyrs. Loin de s'affliger du sort de ses frères, il regrettait de ne pouvoir le partager ; car, au moment où l'on avait cru que la sentence impériale frapperait tous les chrétiens, il avait écrit à l'un des Pères de Nangasaki :

« La nouvelle que je vous transmets va être le sujet d'une grande joie pour Votre Révérence, pour le révérendissime évêque et pour tous les membres de notre compagnie. Hier soir, à l'entrée de la nuit, une lettre venue de Fucimo nous a fait savoir l'ordre donné ce jour-là même par l'empereur de mettre à mort tous les Pères.... Il est enfin venu, bien chers pères et frères, l'heureux moment de donner notre sang pour Jésus-Christ, qui a donné le sien pour nous.... La joie que nous a causée ici cette nouvelle est impossible à exprimer. Ce qui l'augmente, c'est la consolation de voir tous ces chrétiens, grands et petits, se disposer aussi à donner leur vie pour la cause de notre sainte foi.... »

Le père Organtin avait obéi à sa conscience en demandant la liberté des Jésuites d'Ozaca ; mais eux ne songèrent point à la solliciter ; car le martyre n'avait rien qui pût effrayer ces fervents religieux.

SAINT PAUL MIKI. — Paul Miki appartenait à l'une des plus nobles et des plus illustres familles de l'empire japonais. Son père jouissait d'une haute faveur à la cour de Nobunanga, prédécesseur de Taïco-Sama. Il avait servi son souverain avec beaucoup de valeur et de fidélité, lorsqu'il succomba dans une des guerres que ce prince, jaloux d'étendre son empire, faisait aux royaumes voisins.

Paul pouvait lui succéder dans ses dignités comme dans ses biens ; il avait alors vingt-deux ans, et il avait reçu l'éducation la plus brillante. Mais il était chrétien, et il estimait à leur valeur les honneurs et les plaisirs du monde. Son père, chrétien comme lui, l'avait fait baptiser à l'âge de cinq ans et l'avait fait élever au collége des Jésuites d'Anzaquiama.

Le jeune homme fit son noviciat chez ces Pères et y prononça ses vœux en 1586. Doué d'une éloquence qui puisait sa force dans une conviction profonde, Paul, destiné à prêcher la parole sainte, fit de longues et patientes études, afin de pouvoir réfuter victorieusement la doctrine des bonzes. Un succès immense couronna ses prédications ; on accourait en foule pour l'entendre, et quand on le voyait, si jeune encore, fouler aux pieds les grandeurs, on se sentait disposé à croire au Dieu qu'il adorait.

Son zèle égalait sa piété ; ni peines ni fatigues ne pouvaient l'arrêter, tant qu'il y avait des chrétiens à fortifier dans la foi, des infidèles à convertir. On ne savait ce qu'on devait le plus admirer de ses grands talents ou de sa rare modestie.

« De tous les Jésuites qui prêchaient au Japon, quand j'y allai, dit le franciscain Ribadeneira dans son *Histoire de l'Archipel*, c'était le bienheureux Paul Miki qui avait le plus de réputation et dont la parole était le plus féconde en heureux résultats. Le feu avec lequel il parlait, plus encore que la force de ses discours, touchait les cœurs et les convertissait. A ce grand mérite d'orateur il joignait l'humilité la plus profonde, ne cherchant uniquement que le salut des âmes et sa propre sanctification. Bien d'autres religieux de la compagnie de Jésus ont eu le bonheur de verser leur sang pour la foi; mais on doit compter le bienheureux Paul Miki parmi les plus illustres martyrs de cette société. »

Paul Miki, Jacques Kisaï et Jean de Goto se trouvaient seuls au couvent des Jésuites d'Ozaca, lorsque le gouverneur de cette ville ordonna qu'ils fussent arrêtés et conduits à Méaco avec les Franciscains.

A cette nouvelle, les chrétiens s'émurent, et quelques-uns d'entre eux tentèrent de séduire les gardes pour enlever les prisonniers. Ils se croyaient sûrs de la réussite de leur plan; cependant il échoua, et les trois religieux furent enfermés dans la même prison que les autres condamnés. Paul, informé de ce qu'on avait voulu faire pour sa délivrance, écrivit aux chrétiens d'Ozaca, pour les engager à remercier Dieu de la grâce qu'il lui faisait. « Vous m'aimez, leur disait-il, et vous voulez me priver du bonheur de donner ma vie pour le nom de Jésus-Christ. Réjouissez-vous, au contraire, de l'immense faveur qu'il accorde à son indigne serviteur et louez avec moi son infinie bonté. »

Les instances du père Organtin n'ayant pas eu plus de succès que les tentatives des chrétiens d'Ozaca, le saint religieux put enfin se livrer aux transports de sa joie.

— J'ai atteint ma trente-troisième année, disait-il à ses compagnons : c'est l'âge auquel notre divin Sauveur a voulu mourir pour nous. C'est aujourd'hui la fête du saint Nom de Jésus, et, quoique indigne, j'ai le bonheur d'appartenir à la compagnie qui porte ce nom. C'est mercredi, et à pareil jour Jésus fut vendu aux Juifs. On dit que nous devons être mis à mort un vendredi, jour aussi de la mort de Jésus, notre divin rédempteur. J'éprouve une grande joie de ce que, malgré mon indignité, je puis ainsi, en quelque chose, imiter ce divin maître qui a tant souffert pour nous.

Sa ferveur faisait l'admiration de ses compagnons. Un rayon de la béatitude céleste illuminait son visage pendant que, presterné dans sa prison, il s'entretenait avec son Dieu; et dans l'ardeur de sa prière, il épanchait tout haut les sentiments dont son cœur était rempli.

Il n'interrompait son oraison que pour se féliciter avec les pieux captifs du choix que Dieu avait daigné faire d'eux pour confesser les sublimes vérités de la religion, ou pour instruire les autres prisonniers et exhorter les criminels au repentir. Plusieurs lui promirent de recevoir le baptême, et un jour qu'il parlait des souffrances endurées par Jésus-Christ pour la rédemption des hommes, un des gardes s'écria qu'il était chrétien et qu'il était prêt à donner son sang, s'il le fallait, plutôt que de renoncer à ce titre.

Après la promenade ignominieuse dans les rues de Méaco, Paul Miki, en rentrant à la prison, se jeta dans les bras du père Pierre-Baptiste et des autres religieux franciscains, pour les remercier de lui avoir procuré, ainsi qu'à ses deux compagnons, la grâce du martyre.

— C'est à votre ombre, leur dit-il, que nous avons trouvé un si grand bienfait.

Pendant tout le trajet de Méaco à Nangasaki, les bienheureux captifs ne laissaient pas échapper la moindre occasion de prêcher la religion pour laquelle ils allaient mourir. Paul ne s'y épargnait pas. La vue de cette belle couronne dont la bonté divine allait ceindre son front semblait avoir doublé son ardeur. On l'écoutait malgré soi, et il était presque impossible de n'être pas touché par cette éloquence qui débordait du cœur.

Un soir, les prisonniers, harassés de fatigue, furent remis à un officier qui les enferma, comme un vil troupeau, dans une étable obscure et infecte. On y respirait à peine, et les captifs n'y pouvaient trouver une place pour reposer leurs membres endoloris. Les trois enfants surtout paraissaient souffrir beaucoup. Paul demanda à voir l'officier, et quoique celui-ci fût peu disposé à écouter les réclamations d'un chrétien, il sut le forcer à l'écouter. L'Esprit-Saint lui-même parlait par la bouche du saint religieux; il fit rougir l'officier de sa brutalité, et, non content de ce premier triomphe, il le convertit à la religion chrétienne.

La même chose se renouvela plusieurs fois, « et les bonzes, dit Charlevoix, se plaignirent hautement de ce que l'empereur prenait, pour abolir le christianisme, des moyens qui étaient bien plus capables de l'étendre dans les lieux où il n'était point établi. »

Près d'arriver au terme de son voyage, Paul écrivait à l'un de ses supérieurs :

« Nous ne désirons plus qu'une seule chose en cette vie, c'est de pouvoir nous confesser et communier encore une fois avant de mourir. »

Préoccupé de ce désir, le fervent religieux, voyant Fazamburo disposé à le délivrer, en souvenir de leur ancienne amitié, le supplia de lui accorder seulement, ainsi qu'à ses compagnons, le temps de recevoir les derniers secours de la religion. Le gouverneur eût préféré décider Paul à une abjuration ; mais ne pouvant espérer d'y réussir, il promit de lui accorder ce qu'il demandait.

Toutefois, il ne tint parole qu'à moitié ; car il ne permit qu'aux Jésuites seuls de se confesser en arrivant à Nangasaki et il ne voulut pas entendre parler de la communion.

— Puisque vous allez mourir pour votre Dieu, leur dit-il, vous n'avez pas besoin d'autre viatique.

Paul, s'étant fait montrer la croix qui lui était destinée, s'en approcha et la baisa. Puis, se voyant entouré d'un grand nombre de ses compatriotes, il les conjura d'abandonner le culte des idoles et de sauver leurs âmes en embrassant la vraie foi. Et comme plusieurs chrétiens se trouvaient aussi là, il leur recommanda de tout souffrir plutôt que de renoncer à la grâce de leur baptême.

— Ne pleurez pas sur moi, ajouta-t-il, en voyant leur émotion, c'est aujourd'hui ma pâque. Oh ! que Dieu est bon pour moi !

Ces nouveaux convertis, et quelques Portugais qui étaient accourus pour saluer les martyrs, voulaient baiser ses vêtements ; il les en empêcha, se jugeant indigne de recevoir le moindre témoignage de vénération.

Enfin, élevé sur la croix, il s'adressa encore une fois à la foule :

— Je vais mourir pour avoir prêché l'Évangile, et je rends grâces à Dieu d'avoir daigné m'accorder une si grande faveur. Arrivé au terme où vous me voyez, je ne pense pas qu'aucun de vous me croie capable de trahir la vérité. Eh bien ! je vous le déclare, il n'y a pas d'autre moyen de salut que la religion chrétienne. Et comme cette religion nous ordonne de pardonner à nos ennemis et à tous ceux qui nous ont offensés, je pardonne très-volontiers à l'empereur et aux auteurs de ma mort. Je les conjure de recevoir le baptême.

Après avoir ainsi parlé, il encouragea ses compagnons ; puis, voyant les bourreaux s'approcher pour lui porter le dernier coup, il s'écria :

— Mon Dieu, je remets mon âme entre vos mains....

SAINT JEAN DE GOTO. — Né dans l'île de Goto, Jean appartenait à une famille chrétienne, et s'était de bonne heure attaché aux religieux de la compagnie de Jésus. Il faisait partie de cette société depuis peu de temps, lorsqu'il fut arrêté à Ozaca. Il prononça ses vœux à Nangasaki, quelques instants avant d'être attaché à la croix.

Une dernière épreuve lui était réservée : son père, fendant la haie des soldats, vint lui faire ses adieux.

— Vous le voyez, mon père, dit Jean, le salut éternel doit être préféré à tout le reste. Je vous supplie de ne rien négliger pour vous l'assurer.

— Mon fils, répondit le père, je vous remercie de votre excellente exhortation. Vous aussi soyez ferme et supportez avec joie la mort, puisque vous la subissez pour la cause de notre sainte foi. Votre mère et moi nous sommes prêts, s'il le faut, à mourir pour la même cause.

Jean reçut avec bonheur cette sublime réponse. Il embrassa son père et lui remit son chapelet, comme souvenir de cette dernière entrevue. Il donna à sa mère un morceau d'étoffe qui entourait sa tête ; puis il s'arracha aux adieux paternels pour se livrer aux bourreaux. Il avait prié son père de s'éloigner ; mais cet héroïque chrétien resta debout au pied de la croix de son fils, comme autrefois la vierge Marie au pied de celle du Sauveur, et il ne se retira que quand l'âme du saint martyr se fut envolée vers le ciel. Jean de Goto n'avait que dix-neuf ans.

SAINT JACQUES KISAÏ. — Le père Charlevoix, dans son *Histoire du Japon*, donne sur ce martyr les détails suivants : «C'était un bon artisan, du royaume de Bugen, lequel avait reçu le baptême dans sa jeunesse et s'était ensuite marié. Sa femme ayant renoncé au christianisme, je ne sais à quelle occasion, il la quitta, mit un fils qu'il avait eu en lieu sûr, pour être élevé dans la crainte de Dieu, et se retira chez les Jésuites d'Ozaca. Son emploi principal dans cette maison était de recevoir les hôtes ; car les missionnaires exerçaient partout l'hospitalité. Mais comme il était parfaitement instruit de sa religion, on le faisait servir assez souvent de catéchiste. Cet emploi était en grand honneur dans l'Église du Japon, et l'on n'y admettait que des personnes d'une vertu éprouvée, et qui se consacraient pour toujours au service des autels. Ordinairement c'étaient des jeunes gens de grande espérance que leurs parents dévouaient dès leur enfance au Seigneur.

«La cérémonie de la réception se faisait toujours avec beaucoup d'appareil. Ils portaient un habit long, peu différent de celui des missionnaires; ils vivaient avec ces religieux et observaient exactement la même forme de vie. Il y avait déjà quelques années que Kisaï avait été élevé à cette dignité. Il ne se pouvait rien ajouter à la ferveur avec laquelle il en remplissait tous les devoirs; et ce qui relevait infiniment le mérite d'une vie si saintement occupée, c'était l'esprit intérieur dont il était animé. Tout le temps qu'il avait de libre, il l'occupait à la prière. »

Arrêté avec Paul Miki et Jean de Goto, ce saint homme, alors âgé de soixante-quatre ans, bénit Dieu de l'avoir choisi, malgré son indignité, pour confesser le nom de Jésus-Christ. Il se prépara au martyre en méditant la Passion du Sauveur, pour laquelle il éprouvait une dévotion toute particulière et qu'il avait traduite en langue japonaise, pour l'édification de ses compatriotes. En arrivant à Nangasaki, il prononça ses vœux en présence des pères Rodriguez et Pazio; puis il courut, l'âme remplie d'une sainte joie, vers le lieu du supplice.

Les chrétiens qui se trouvaient là l'ayant prié de lui abandonner ses vêtements qu'ils désiraient conserver comme des reliques, il leur répondit qu'il n'était qu'un pécheur et leur demanda d'implorer pour lui la bonté divine. Enfin, attaché à la croix, il ne cessa jusqu'au dernier soupir d'invoquer avec amour les noms sacrés de Jésus et de Marie.

Ainsi, Dieu, dont la sagesse infinie éclate dans toutes ses œuvres, permit que la vieillesse et l'âge mûr, aussi bien que l'enfance et la jeunesse, eussent leurs héros dans cette admirable phalange des martyrs japonais. Il permit aussi que d'humbles artisans partageassent avec les nobles et les savants la gloire de donner leur vie

pour la défense de la foi, et que la constance des nouveaux convertis égalât celle des saints missionnaires qui
depuis longtemps entrevoyaient les souffrances et la
mort comme la récompense de leurs travaux.

Il entrait sans doute dans les desseins de la Providence de nous donner à tous de nouveaux protecteurs
dans le ciel, et de nous animer, par l'exemple de ces
pieux martyrs, à sacrifier courageusement à notre salut,
non pas notre vie, il n'exige pas que nous poussions si
loin l'abnégation, puisqu'il nous a fait naître au milieu
de son peuple, mais les biens et les plaisirs de ce monde,
pour lesquels trop souvent, hélas! l'homme oublie ses
destinées immortelles.

IX.

Courage des Chrétiens japonais.

« Le sang des martyrs, disait Tertullien, est une se-
mence qui produit de nouveaux chrétiens. » Cette parole du célèbre docteur se vérifia au Japon, comme elle
s'était vérifiée dans les premiers siècles de l'Église.
Ceux des missionnaires que l'arrêt de Taïco-Sama n'a-
vait point atteints ne prêchaient l'Évangile qu'en secret;
ils écoutaient bien moins leur zèle que la prudence; car
s'ils faisaient peu de cas de leur vie, ils tenaient à la
conserver, de peur que, privée de ses derniers ministres, la religion de Jésus-Christ ne vînt à périr au
Japon, où elle avait d'abord porté de si grands fruits.
Toutefois, malgré les menaces de mort suspendues sur
la tête des chrétiens, malgré les innombrables difficul-

tés qui entouraient l'exercice de leur culte, plus de cent cinquante mille Japonais demandèrent et reçurent le baptême, pendant les deux années qui suivirent la mort des martyrs de Nangasaki.

D'ailleurs, si le nombre de ces martyrs se trouva réduit à vingt-six, il serait impossible de compter tous ceux qui se tenaient prêts à mourir comme eux. Sur les marches du trône, aussi bien que dans les derniers rangs du peuple, dans la magistrature, dans l'armée, dans la marine, dans le commerce, partout il y avait des chrétiens. Ici, des familles entières invoquaient le vrai Dieu; là, des fils demandaient au Seigneur d'éclairer leurs parents, des frères priaient pour leurs sœurs, des filles pour leurs mères, encore plongées dans les ténèbres de l'idolâtrie.

Lorsque Taïco-Sama, craignant de voir s'élever contre lui les chrétiens, proscrivit leur religion, le bruit se répandit dans toutes les provinces qu'il allait faire mettre à mort tous ceux qui ne reviendraient pas au culte des Cama et des Fotoca. Cette nouvelle, loin de jeter la consternation dans les cœurs, y versa l'espérance et la joie.

— Nous mourrons tous plutôt que de renoncer à notre foi, dirent les chrétiens.

Et tous se disposèrent pieusement à ce dernier sacrifice. On en vit arriver un grand nombre à Méaco, pour réclamer la faveur d'être arrêtés avec les Pères; mais le gouverneur de cette ville empêcha leurs vœux de se réaliser.

Génifoin, premier ministre de l'empereur, avait deux fils chrétiens. L'aîné, nommé Paul, n'eut pas plus tôt appris le décret qui condamnait les religieux franciscains, qu'il crut à une persécution générale et se hâta de revenir à Méaco, dont il était éloigné de deux cents lieues. Il craignait, en différant ce voyage, de perdre la grâce du martyre, après laquelle il soupirait. Il réunit ceux de ses serviteurs qui professaient la même religion que lui et leur fit part de ce qu'il avait résolu. Tous demandèrent à le suivre et à mourir avec lui pour Jésus-Christ. L'un d'eux, qui n'était baptisé que depuis quelques semaines, demandant à partir aussi, Paul hésitait à l'emmener, dans la crainte qu'il ne fût pas encore assez affermi dans la foi pour la confesser au milieu des souffrances.

— Il est vrai, seigneur, répondit le fervent néophyte, que Dieu m'a fait tout nouvellement la grâce de m'appeler à la lumière de l'Évangile ; mais il a daigné, dans sa miséricorde, me faire comprendre que je ne dois plus songer qu'au salut de mon âme, et que tout le reste n'est que poussière et que cendre. Laissez-moi donc partir avec vous, et croyez qu'avec l'aide du Seigneur, je ne déshonorerai pas le titre qui m'a été conféré dans le baptême.

Paul lui accorda ce qu'il demandait et se rendit à Méaco, après avoir quitté ses somptueux vêtements pour prendre le costume religieux. Son jeune frère Constantin y arrivait presque en même temps que lui, ainsi qu'un de leurs cousins, nommé Michel, et chrétien comme eux. Le couvent était gardé; ils s'installèrent dans une maison voisine, pour ne rien ignorer de ce qui se passerait chez les Pères et pour saisir le moment de se présenter au martyre.

Sur ces entrefaites, Constantin, ayant ouï dire que son père allait certainement encourir la disgrâce de l'empereur, puisqu'on saurait que Paul et lui étaient chrétiens, se mit aussitôt en route pour aller trouver le premier ministre et lui apprendre que, sans le consulter, il avait abandonné le culte des faux dieux.

Ce ministre n'avait pas le moindre soupçon de ce qui s'était passé; aussi ne concevait-il aucune inquiétude sur le sort de ses fils. Il sortait de chez lui pour se rendre auprès de l'empereur, lorsque Constantin l'aborda.

— Mon père, lui dit le jeune homme, après l'avoir salué, j'arrive en toute hâte de Méaco pour vous apprendre que je suis chrétien et que je mourrai plutôt que de renoncer à ma religion.

— Que dites-vous? s'écrie Génifoin; j'ai mal entendu sans doute? Quoi ! vous appartiendriez à cette religion étrangère que l'empereur a juré d'anéantir?...

— Oui, mon père; et quoi qu'il puisse arriver, j'y resterai fidèle.

— Mais, malheureux, vous ne songez donc pas que si l'empereur m'ordonne de mettre à mort tous les chrétiens, je ne pourrai rien pour vous sauver.

— Je le sais, mon père, et je ne viens pas vous supplier de m'épargner; mais j'ai cru devoir vous dire la vérité pour que vous ne soyez pas responsable auprès de l'empereur des torts qu'il croirait avoir à me reprocher.

— Je vais au palais, dit Génifoin; il faut que je connaisse les intentions de Sa Majesté. Rentrez chez vous, je vous y retrouverai.

Constantin ne jugea pas à propos d'instruire sa mère de ce qu'il venait d'apprendre à son père; il voulait sans doute lui épargner d'inutiles angoisses. Mais en revenant de l'audience impériale, Génifoin raconta tout à sa femme.

La pauvre mère demeura muette de douleur et d'effroi ; la colère du premier ministre eut le temps de s'épancher sans qu'elle l'interrompît. Mais lorsqu'elle redevint maîtresse d'elle-même, elle lui dit doucement :

— J'ai tort de m'alarmer, n'est-ce pas ? Vous aimez votre fils, et vous saurez le soustraire à la vengeance de Taïco-Sama.

— Détrompez-vous, répondit Génifoin : si l'empereur ordonne que tous les chrétiens soient mis à mort, j'égorgerai mon fils de ma propre main.

— Vous ne ferez pas cela ! s'écria la princesse en pleurant. Oh ! non, vous ne le ferez pas.... Vous êtes père, la voix du sang triomphera de vos scrupules.

— Je le ferai, dit Génifoin. Je suis père, mais je ne trahirai pas la confiance de mon souverain. De votre côté, élevez-vous au-dessus des faiblesses de votre sexe.

— L'amour maternel n'est pas une faiblesse. Je défendrai mon fils contre vous-même, et je mourrai, s'il le faut, pour le sauver.

— Hélas ! non, vous ne le sauverez point. Nous verrons périr celui que nous avons tant aimé, et nous le verrons périr par sa faute. Ingrat enfant ! devait-il donc nous traiter ainsi !... Empoisonner notre vie par les regrets les plus amers, m'obliger à être moi-même son bourreau, n'est-ce pas une horrible cruauté ?...

En même temps, le ministre, vaincu par sa tendresse, éclatait en sanglots et en cris de douleur.

Il venait de se retirer, laissant la princesse dans les

larmes, quand Michel, son neveu, inquiet de ne pas revoir Constantin, vint demander de ses nouvelles. La pauvre mère lui apprit les menaces de Génifoin, et tomba évanouie dans ses bras. Michel lui donna des soins et s'efforça de la consoler; mais elle ne pouvait accueillir les immortelles espérances qu'il faisait briller à ses yeux, et Constantin eut besoin d'un courage héroïque pour retourner à Méaco, malgré ses prières et ses larmes.

Pendant que ces généreux chrétiens attendaient leur sentence, un gentilhomme du royaume de Bugen, réfugié à Ozaca, briguait aussi l'honneur d'être inscrit sur la liste des martyrs. Il se nommait André Ongazavara, et il avait été forcé de quitter sa patrie après avoir témoigné sa vénération pour un pieux vieillard que le roi avait fait périr, en haine de la religion. Il était de noble famille; mais ses biens ayant été confisqués, il s'était fait professeur de tir et d'équitation pour subvenir aux besoins de son vieux père, de sa femme et de son fils.

Plein de zèle pour la religion, il la prêchait surtout par ses exemples, et il avait depuis peu décidé son père à l'embrasser. Quand on mit des gardes aux deux couvents d'Ozaca, il crut que le moment de défendre hautement sa foi et de la sceller de son sang était arrivé. Il déclara qu'il était chrétien et tout dévoué aux missionnaires que l'empereur regardait comme ses ennemis.

Comptant donc être bientôt arrêté, il n'était pas sans quelque inquiétude sur la manière dont son père recevrait les soldats chargés de cette arrestation. Le vieillard s'était distingué dans la carrière des armes, et, malgré ses quatre-vingts ans, il avait conservé toute sa vigueur et sa résolution.

— Mon père, lui dit André, j'espère avoir le bonheur de mourir pour mon Dieu, et je ne crains pas de vous l'apprendre ; car vous savez combien un chrétien doit être fier de donner sa vie pour Jésus-Christ.

— Oui, mon fils, s'il est beau de mourir pour son prince, il est plus glorieux encore de mourir pour son Dieu.

— Cela est vrai, mon père ; mais si vous vous rappelez que le Sauveur a le premier donné son sang pour nous, et qu'il l'a donné volontairement, vous comprendrez qu'un chrétien qui aspire à la gloire du martyre ne doit pas essayer de se défendre.

— Ne pas essayer de se défendre !... se laisser massacrer comme un lâche !... Ne me demande jamais cela, André. Je prétends bien me défendre et défendre aussi les bons Pères qui m'ont instruit et baptisé. Viens avec moi, et tu verras si je souffrirai qu'il leur soit fait la moindre insulte. Je suis vieux, mais mon bras est encore solide, et j'espère vendre chèrement ma vie. Que je voie autour de moi sept ou huit soldats abattus, et je mourrai avec joie. C'est ainsi que le martyre me semble glorieux.

— Je reconnais là votre bravoure, mon bon père ; mais permettez-moi de vous dire que l'esprit du christianisme condamne cette résistance. On n'est martyr qu'à la condition de se livrer à ses bourreaux, comme le Sauveur, qui défendait à saint Pierre de tirer l'épée pour le défendre. Mais notre religion ne nous commande pas de nous offrir nous-mêmes à la mort. Il n'est pas défendu de fuir la persécution, puisque Notre-Seigneur disait à ses disciples : « Si l'on vous persécute dans un pays, allez dans un autre. » Je vous supplie donc, mon père, de quitter cette ville avec mon jeune fils, l'unique espoir de notre race. En vous retirant dans quelque campagne éloignée, vous serez sûr de n'être pas inquiété. Vous élèverez notre cher enfant, et vous lui parlerez quelquefois de son père, mort pour le triomphe de la foi.

— Est-ce bien à moi que tu oses proposer de fuir ? Je croyais que tu me connaissais. Crois-tu donc que l'âge ait glacé mon courage et que je puisse craindre la mort, après l'avoir tant de fois bravée dans les combats ? Si tu n'étais pas mon fils, je ne sais si je pourrais te pardonner de m'avoir assez mal jugé pour me conseiller une lâcheté. Mais ne me parle plus de fuir. Ma résolution est inébranlable. On me trouvera les armes à la main, à l'entrée du couvent, et j'y mourrai en faisant mon devoir d'homme d'honneur et de chrétien.

— Écoutez-moi, de grâce, mon père, reprit André. Si vous résistez aux soldats qui viendront vous arrêter ou arrêter les religieux, vous verserez un sang innocent ; car ces hommes ne feront qu'exécuter les ordres qu'ils auront reçus.

— Que m'importe ! Ce sang innocent retombera sur la tête de celui qui aura confié aux soldats une mission injuste.

André allait répliquer encore ; mais le vieillard le quitta, pour entrer dans l'appartement de sa belle-fille. Il la trouva occupée à préparer ses plus beaux habits, comme si elle eût été invitée à quelque fête.

— Que faites-vous donc là, ma chère fille ? lui demanda-t-il.

— Vous le voyez, mon père, répondit la jeune femme, j'ajuste ma belle robe pour être convenablement mise, quand on m'attachera sur la croix.

Le vieillard la regarda quelques instants en silence, puis, remettant son sabre au fourreau, il tira son chapelet.

— Voilà, dit-il, la seule arme dont je veuille me servir désormais; je suis maintenant décidé à me laisser crucifier avec vous.

Il y avait, à la même époque, à Méaco, une veuve très-âgée dont la ferveur et la charité faisaient l'édification des chrétiens. Elle se nommait Marie. Une lettre de son petit-fils, qui avait entendu l'empereur lui-même donner l'ordre de mettre à mort tous les Pères, l'avertit du péril qui la menaçait. Nous avons dit que le nom de Pères étant souvent appliqué aux chrétiens en général, chacun s'était persuadé que Taïco-Sama condamnerait impitoyablement tous ceux qui avaient embrassé la foi du Christ.

A cette nouvelle, qui lui arrivait de source certaine, Marie se mit en prières, puis elle fit appeler une petite fille de dix ans, qu'elle avait adoptée et qu'elle aimait saintement.

— Ma chère Gratia, lui dit-elle, on va mettre à mort tous les chrétiens qui ne renonceront pas à leur foi. Je vais donc avoir le bonheur de donner ma vie pour Jésus-Christ.

— Et moi aussi, répondit l'enfant, sans la moindre hésitation.

— Non, ma fille, vous êtes encore trop jeune, vous n'auriez pas la force nécessaire pour demeurer ferme au milieu des tourments. Il vaut mieux ne pas vous exposer au danger de renier votre baptême. Je vais vous renvoyer chez votre père, où vous serez en sûreté.

— Oh! ma mère, s'écria Gratia en versant d'abondantes larmes, vous voulez me renvoyer!... Mais vous ne songez donc pas que je suis chrétienne et que je dois mourir avec les chrétiens? Quand tous vont aller au ciel, est-ce que je pourrais tenir à la vie? Non, non, je ne vous quitterai pas; votre sort sera le mien, et le bon Dieu me fera la grâce d'être aussi courageuse que vous.

— Reste donc, ma fille, dit Marie, en tendant les bras à Gratia. Dieu donne la force aux enfants, lorsqu'il lui plaît : David a vaincu Goliath; Joas a résisté à Athalie. Prie, ma chère petite, pour qu'il te soutienne, comme il les a soutenus.

Marie s'occupa ensuite de mettre ordre à ses affaires, et de préparer pour elle et pour Gratia des habits de fête. Les chrétiens, avertis des menaces faites par l'empereur, se réunirent chez elle, pour apprendre des nouvelles plus positives et pour se fortifier par ses paroles et par son exemple.

— Je suis prête à mourir pour notre sainte foi, leur dit-elle; mais il se peut que je faiblisse à l'aspect de la croix; car je suis femme, et par conséquent timide. Si cela m'arrivait, je vous supplie de n'avoir point égard à ma faiblesse et de me livrer malgré moi aux bourreaux, pour que je donne ma vie avec les autres martyrs.

Le père de Gratia ne tarda point à apprendre le danger qui menaçait les chrétiens. Il accourut chez Marie, pour lui redemander sa fille.

— La voici, dit la sainte femme, je ne m'oppose nullement à ce que vous l'emmeniez.

— Mais moi, mon père, je vous conjure de ne pas me forcer à vous suivre, dit Gratia. Je suis chrétienne, vous le savez, et je veux mourir pour aller au ciel avec les chrétiens.

— Tu es trop jeune pour penser à mourir, reprit le père. Viens avec moi, ma fille, et tu ne regretteras jamais de m'avoir suivi; car je ne te refuserai rien de ce qu'il me sera possible de te donner.

— Je sais que vous m'aimez, mon père; aussi j'espère que vous ne vous opposerez pas à mon bonheur. La vie que vous voulez me conserver ne dure que peu d'années; les joies du paradis n'ont point de fin; et si le bon Dieu veut m'y faire entrer, j'aurais grand tort de ne pas en profiter. Je reste donc avec la pieuse femme qui m'a élevée et instruite, je la regarde comme ma mère, et je la suivrai jusqu'au martyre. Adieu donc, mon père; ne pleurez pas, quand je serai morte; car je prierai le bon Dieu pour que vous veniez me rejoindre auprès de lui.

Le père s'éloigna sans rien pouvoir obtenir; mais au bout de quelques jours ses craintes furent dissipées : l'empereur ne voulait pas dépeupler son empire en condamnant à mort tous les chrétiens; les religieux qui avaient, malgré ses édits, prêché l'Évangile, devaient seuls être crucifiés, afin que la vue de leur supplice inspirât aux chrétiens une terreur salutaire. Son but ne fut point atteint : les généreux disciples de la vraie foi s'étaient tous préparés au martyre, leur ferveur s'était accrue, et chacun d'eux devint au milieu de sa propre famille un apôtre de Jésus-Christ.

Taïco-Sama n'eut pas le temps de voir les nouveaux progrès de cette religion dont il avait rêvé l'anéantissement. Il tomba malade, et, sentant sa fin approcher, il régla ce qui avait rapport à sa succession, établit un conseil de régence, pour gouverner pendant la minorité de son fils, et, son orgueil survivant à ses forces, il se fit mettre au rang des dieux. Pendant qu'il s'occupait de ces soins, le père Rodriguez, son interprète, alla le voir. L'empereur reçut bien ce religieux, auquel il avait toujours témoigné de la bienveillance; mais quand le Père essaya de lui parler du salut éternel, il refusa de l'écouter. Toutefois, lorsque Rodriguez s'éloigna, le mourant lui fit de riches présents, derniers témoignages de son amitié.

Taïco-Sama ne survécut que peu de jours à cette visite. Sa mort laissa quelque liberté aux chrétiens; car, avant de songer à les persécuter, il fallait que le nouveau pouvoir s'affermît.

On rebâtit peu à peu les églises, les colléges, les monastères; des religieux de différents ordres accoururent; ils reprirent l'œuvre interrompue par le martyre des Franciscains et des Jésuites, et jamais chrétienté ne fut plus florissante que celle du Japon.

Toutefois, l'édit de proscription subsistait toujours, et l'on savait que le Cubo-Sama, ou capitaine général, chef de la régence, détestait les chrétiens. Ceux-ci ne recevaient donc que comme des jours de grâce les instants de calme qui leur étaient accordés par la Providence. Et comme si cette miséricordieuse Providence eût voulu les préserver du danger de s'endormir dans une trompeuse sécurité, des persécutions partielles éclatèrent à diverses époques. Les royaumes de Fingo, de Firando, d'Arima, furent arrosés du sang des martyrs, et lorsque le Cubo-Sama se sentit assez fort pour n'avoir plus rien à craindre de son pupille, qu'il avait entrepris de détrôner, il lança un nouvel édit, en vertu duquel le christianisme devait disparaître de l'empire japonais (1).

---

(1) Voir les *Triomphes chrétiens des Martyrs du Japon*, l'an 1612, et l'*Histoire de l'Église du Japon*, par le P. Crosset.

X.

Le Grand Martyre.

L'édit sanguinaire rendu en 1614 ordonnait, sous peine de mort, à tous les Japonais d'abjurer la religion chrétienne ; et, de peur que les missionnaires ne leur inspirassent le courage de résister, on les rechercha soigneusement dans tout l'empire et on les força de s'embarquer. Quelques-uns cependant parvinrent à demeurer cachés, et un grand nombre d'autres revinrent, en se déguisant, après avoir été embarqués.

Le prince Ucondono, qui était alors en exil dans le royaume de Canga, reçut l'ordre de quitter le Japon, et plusieurs seigneurs, chrétiens comme lui, en furent aussi bannis.

Just Ucondono avait déjà deux fois renoncé à ses biens et à ses dignités pour ne pas trahir la cause de Jésus-

Christ. En 1587, Taïco-Sama, qui l'estimait pour sa valeur et sa loyauté, l'avait cependant forcé de choisir entre l'exil et l'apostasie. Le vertueux prince n'avait pas hésité, et pendant deux ans il avait successivement habité plusieurs retraites, quand l'empereur lui permit de reparaître à la cour. Il n'avait pas demandé de rentrer en grâce, et lorsque Taïco-Sama, sous prétexte de le charger d'affaires importantes, l'envoya, peu de jours après, dans le royaume de Canga, il subit ce second exil avec autant de résignation que le premier.

Le roi de Canga le traita d'abord en prisonnier, mais, touché bientôt des vertus de ce noble chrétien, il lui demanda son amitié. Ucondono vivait donc heureux, loin du prince ingrat qui l'avait banni ; mais à la nouvelle du décret par lequel Taïco-Sama condamnait à mort tous les Pères, il alla faire ses adieux au roi de Canga et se disposa à rentrer au Japon, pour y cueillir la palme du martyre.

On sut bientôt que vingt-six chrétiens seulement pouvaient prétendre à cette palme glorieuse, et Just Ucondono attendit dans la pratique des plus saintes œuvres qu'il plût à Dieu de décider de son sort.

Le Cubo-Sama l'ayant donc banni en 1614, il prit, avec les autres seigneurs condamnés comme lui, le chemin de Nangasaki, où ils devaient tous être embarqués sur des jonques chinoises. Celle qui portait Ucondono reçut à son bord un grand nombre de religieux, ainsi que le roi et le prince de Tamba. Elle fit voile vers Manille, et reçut du gouverneur l'accueil le plus sympathique et le plus respectueux.

« Il n'y avait guère qu'un mois, dit Charlevoix dans

son *Histoire du Japon*, que ces illustres exilés étaient à Manille, lorsque la joie publique, qui durait encore, fut tout à coup troublée par la maladie d'Ucondono. Ce grand homme fut d'abord attaqué d'une fièvre continue, qui en peu de jours fit désespérer de sa vie. Dès qu'il sut le danger où il était, il fit appeler son confesseur, et, après lui avoir témoigné le plaisir qu'il ressentait de mourir exilé pour Jésus-Christ, il ajouta : « Je ne re-
« commande ma famille à personne. Ils ont l'honneur,
« aussi bien que moi, d'être proscrits pour la religion,
« cela doit leur tenir lieu de tout. »

« Puis, adressant la parole à sa femme et à ses enfants : « Quelle comparaison, leur dit-il, du service des
« hommes au service de Dieu ! J'ai, dès l'enfance et
« jusqu'à mon premier exil, fait la guerre pour mes
« seigneurs et pour les empereurs. Pendant tout ce
« temps-là, j'ai plus souvent endossé la cuirasse que je
« n'ai vêtu la robe de soie. J'ai blanchi sous le casque,
« et mon épée n'est pas demeurée dans le fourreau,
« tant que j'ai eu les ennemis de l'État à combattre. J'ai
« cent fois risqué ma vie pour mes souverains. Quels
« fruits en ai-je retirés ? Vous le voyez. Mais au défaut
« des hommes, Dieu ne m'a point manqué. Dans le
« temps de ma plus brillante fortune, me suis-je vu
« plus honoré et dans une plus grande abondance de
« tout, que je le suis ici ? Et qu'est-ce encore que cette
« prospérité passagère, au prix de la récompense que
« j'attends dans le ciel ? Que je ne voie donc point couler
« de larmes, si ce n'est de joie. Vous avez bien plus de
« raison de me féliciter que de me plaindre. Et quant à
« ce qui vous touche, je ne saurais vous croire mal-
« heureux, puisque je vous laisse à la garde d'un Dieu

« dont la bonté et la puissance n'ont point de bornes.
« Continuez à lui être fidèles et soyez assurés qu'il ne
« vous abandonnera point. »

« Le malade fit ensuite son testament, qui ressemble
assez à celui du saint homme Tobie. Aussi n'avait-il,
comme cet autre chef d'une famille exilée, que des
vertus et de grands exemples à laisser à ses héritiers. Il
conclut tout ce qu'il avait à leur dire par déclarer qu'il
désavouait pour son sang quiconque d'entre eux se dé-
mentirait, par la suite, de ce qu'ils avaient fait paraître
jusqu'alors de piété et de religion.

« Il mourut dans ces sentiments le cinquième de février de l'an 1615, après avoir reçu les sacrements de
l'Eglise avec une dévotion et des transports de ferveur
dignes d'un héros chrétien et d'un confesseur de Jésus-
Christ.

« Sa mort, qui fut annoncée par le son des cloches
de toute la ville, mit également en deuil les Japonais et
les Espagnols. Il semblait que chaque particulier eût
perdu son père, et l'on n'entendait de tous côtés que des
gens qui se disaient les uns aux autres, en gémissant :
« Le saint est donc mort ! Ah ! nous n'étions pas dignes
« de le posséder. » Le gouverneur, don Juan de Sylva,
surtout, était inconsolable, et, pour adoucir sa douleur
autant que pour honorer la religion dans un homme qui
avait fait la gloire de la plus belle chrétienté de l'univers, il s'appliqua à lui faire de magnifiques obsèques.
On l'exposa d'abord dans une grande salle, sur un lit de
parade, où le commissaire du saint-office, suivi d'un
grand nombre de religieux de tous les ordres, vint aussitôt lui baiser les mains. Tous les corps, sans en
excepter aucun, en firent autant. Le peuple y accourut

en foule, et il n'y eut personne qui ne voulût lui baiser les pieds.

« Le jour marqué pour l'enterrement, le gouverneur général et les auditeurs royaux levèrent le corps et le portèrent jusqu'à la rue, où ils le remirent aux confrères de la Miséricorde, parce que le défunt avait été de cette société au Japon. Dès qu'il fut arrivé à l'église des Jésuites, où il avait choisi sa sépulture, et qui était toute tendue de soie et ornée de devises, en castillan, en japonais, en chinois et en latin, il fut reçu par le commissaire du saint-office et par les supérieurs des religieux, qui le portèrent sur leurs épaules jusqu'au grand autel, devant lequel il fut placé..... »

L'oraison funèbre du prince fut prononcée par le recteur du collége des Jésuites, et le récit qu'il fit de cette belle vie, que la valeur du guerrier et l'héroïsme du chrétien avaient illustrée, fut interrompu à chaque instant par les soupirs et les sanglots de l'auditoire.

Le Cubo-Sama, usurpateur du trône du Japon, mourut un an après Just Ucondono, qu'il avait banni de ses États. Son fils, Xogun-Sama, qui lui succéda, se montra plus cruel encore que lui. Son règne ne fut qu'une suite de persécutions, dont les détails effraient l'imagination et déchirent le cœur. Les chrétiens périrent par milliers, et le supplice des crucifiés de Nangasaki ne peut se comparer aux tortures inventées par les bourreaux de Xogun-Sama. Il faut, pour s'en faire une idée, remonter aux persécutions des Néron et des Dioclétien.

Nous n'entreprendrons pas de raconter cette phase terrible de la religion chrétienne au Japon. Nous ne citerons pas les noms de ceux qui confessèrent la foi au milieu des plus affreux supplices : l'histoire n'en a d'ailleurs conservé qu'un petit nombre; mais s'ils ne sont pas venus jusqu'à nous, Dieu connaît ces héroïques martyrs, et leurs saintes phalanges entourent son trône en célébrant ses grandeurs.

Toutefois, nous ne saurions passer sous silence ce qu'on appelle le *grand martyre*, et nous en emprunterons la relation au savant ouvrage de M. l'abbé Bouix, que nous avons consulté, comme le meilleur de tous ceux qui ont été publiés récemment sur les martyrs du Japon.

« Charles Spinola, que sa naissance et son savoir (1) appelaient à tous les honneurs de l'État et de l'Église, s'était arraché aux sollicitations de sa famille pour entrer dans la compagnie de Jésus et se vouer à l'apostolat du Japon. Pris en route par un corsaire anglais, jeté dans les prisons de la Grande-Bretagne, arrêté par des maladies et des traverses qui eussent ébranlé les plus fermes résolutions, il arrivait en 1602 à la terre désirée du Japon. Après seize ans d'un apostolat signalé par les plus héroïques vertus et par des travaux inouïs, il fut découvert et arrêté à Nangasaki, en 1618, dans la maison du Portugais Georges Fernandez, dont la femme, nommée Isabelle, venait de mettre au monde un enfant auquel le père Spinola avait conféré le baptême la veille même de son arrestation. Il lui avait donné le nom d'Ignace, parce qu'il était né le jour où se célèbre la fête du fondateur de la compagnie de Jésus.

« Plusieurs autres religieux de différents ordres avaient

---

(1) Il était de l'illustre maison de Spinola, originaire de Gênes, et dont les branches se sont répandues en Espagne et en Italie.

été pareillement arrêtés. Ils furent envoyés dans une prison voisine de la ville d'Arima et s'y trouvèrent avec un grand nombre de chrétiens, qui les y avaient précédés ou qui vinrent les y joindre dans la suite. La captivité dura quatre ans. La prison se trouvant bientôt insuffisante, on en construisit une plus grande, qui consistait en quatre murailles fort épaisses, sans toit ni rien autre qui défendît les prisonniers des injures de l'air. Elle était environnée d'une double palissade, où les confesseurs de Jésus-Christ eurent quelque temps la liberté de se promener. Mais la dureté des gardes les priva bientôt de ce soulagement. Ils étaient à la fin en si grand nombre, qu'ils manquaient de l'espace nécessaire pour se coucher.

« A tant de souffrances les généreux captifs ajoutaient des jeûnes et des macérations. Le père Spinola ne quitta point le cilice, même pendant les grandes maladies qui vinrent s'ajouter à ses souffrances de la prison. Dès le commencement, ils s'étaient prescrit une forme de vie qu'ils gardèrent constamment jusqu'au bout. Chaque jour, les prêtres disaient la messe, et tour à tour étaient supérieurs pendant une semaine. L'office se récitait à deux chœurs, et Dieu récompensait tant de vertu d'une si grande affluence de délices spirituelles, que le temps ne leur durait pas. Néanmoins quelques-uns succombèrent, entre autres un religieux de Saint-Dominique et un frère de la compagnie de Jésus.

« Enfin, un officier du gouverneur de Nangasaki vint signifier aux prisonniers qu'ils étaient condamnés à mourir. Les religieux, qui étaient au nombre de vingt-deux, devaient être brûlés vifs, à l'exception de deux frères dominicains. Une femme, nommée Lucie Fraïtez, et trois séculiers étaient condamnés à la même peine. Tous les autres, parmi lesquels se trouvaient un grand nombre de femmes avec leurs petits enfants, devaient être décapités. Un jeune Jésuite fut joint à ces derniers, parce qu'il se trouva un poteau de moins.

« Ils partirent pour Nangasaki. Le lieu du supplice était une petite colline située près de cette ville, sur le bord de la mer, éloignée de cinq cents pas de celle où, vingt-cinq ans auparavant, avaient été crucifiés les vingt-six martyrs dont nous avons raconté l'histoire.

« Ils étaient venus par mer jusqu'à la ville de Nangoïa. De là jusqu'au lieu du supplice, leur marche ressemblait à un triomphe. Une multitude infinie de chrétiens se pressaient à leur passage, se mettant à genoux et demandant leur bénédiction.

« A Nangasaki se trouvait une autre troupe de trente chrétiens, qui devait leur être adjointe pour périr en même temps. Le gouverneur les avait choisis dans les diverses prisons de la ville et se les était fait amener. Ne pouvant ébranler leur constance dans la foi, il avait ordonné qu'on leur tranchât la tête. Lorsqu'on les ramena du palais du gouverneur à la prison, les femmes, dont plusieurs portaient des enfants au-dessous de quatre ans, formèrent une troupe à part. Une d'entre elles, prenant un crucifix à la main, se mit à la tête et entonna un cantique; ses compagnes y répondirent et formèrent un concert qui ravit d'admiration tous les assistants.

« Lorsque les confesseurs, venus d'Arima, furent arrivés à la colline désignée pour le lieu du supplice, on y conduisit les trente de Nangasaki, et les deux glorieuses troupes n'en formèrent plus qu'une. Dans le nombre de ceux qui allaient être décapités se trouvait Isabelle Fernandez, avec son petit Ignace, baptisé par le père Spinola lors de son arrestation, et âgé alors de quatre ans. Elle était veuve; car son mari, Georges Fernandez, était déjà mort martyr, n'ayant pas tardé à payer de sa tête l'hospitalité qu'il avait donnée au père Spinola.

« On rapporte qu'à la mort de son père, le petit Ignace se mit à crier en bégayant qu'il serait aussi martyr. Puis, se tournant vers sa mère, il dit d'un air assuré : « Oui, je serai martyr, et vous aussi, ma chère « mère ; mais ma sœur ne le sera point. » Prédiction que l'événement vérifia dans toutes ses parties. Il ne pouvait voir un sabre sans tressaillir de joie, dans la pensée du bonheur qui l'attendait. Et quand il faisait un présent à quelqu'un, il ne manquait pas d'ajouter : « Gardez-le bien; car je serai martyr. »

« Isabelle entra au lieu du combat, tenant un crucifix d'une main et de l'autre un chapelet, et chantant le psaume *Laudate Dominum, omnes gentes.*

« Les deux troupes étant réunies, un officier parut sur une espèce de tribunal, couvert de beaux tapis de la Chine, et donna le signal.

« Aussitôt les martyrs qui devaient être brûlés vifs furent liés à leurs poteaux. Mais on attendit, pour mettre le feu au bois, que les bourreaux eussent commencé l'exécution de ceux qui devaient être décapités. Alors le père Spinola, qui se trouvait placé le premier du côté de cette troupe, presque toute composée de femmes et d'enfants, adressa la parole à quelques Européens qui étaient près de lui, et leur dit qu'ils ne devaient point s'attendre à voir cesser la persécution, qu'elle ne ferait que croître de jour en jour.

« En achevant ces mots, il aperçoit Isabelle Fernandez. Le petit Ignace était derrière sa mère, et le saint homme ne le voyait point.

« Où est mon petit Ignace? s'écrie-t-il, en s'adressant
« à Isabelle ; qu'en avez-vous fait ? — Le voici, répond
« la mère, en le prenant entre ses bras; je n'ai eu garde
« de le priver du seul bonheur que je sois en état de lui
« procurer. » Puis elle dit à l'enfant : « Regarde celui
« qui t'a fait enfant de Dieu, et demande-lui sa béné-
« diction. »

« Aussitôt ce petit innocent se met à genoux, joint ses mains et demande la bénédiction au saint missionnaire. A ce spectacle, qui avait attiré les regards des spectateurs, il s'élève un bruit confus de cris et de gémissements, dont les exécuteurs appréhendent les suites. Ils hâtent la première exécution et font rouler deux ou trois têtes, qui vont tomber aux pieds du petit Ignace; il n'en paraît point effrayé. On vient à sa mère, il en voit aussi tomber la tête sans donner aucun signe d'émotion. Lui-même, avec une intrépidité que cet âge ne saurait feindre, et dont il n'est pas capable naturellement, reçoit le coup de la mort : beau joyau du ciel, qui, dans les joies de la patrie, s'appellera éternellement le martyr au berceau.

« Dès que la première troupe eut consommé son sacrifice, on plaça les têtes vis-à-vis de ceux qui devaient être brûlés, et l'on alluma le feu. Il était éloigné de vingt-cinq pieds des poteaux, et disposé de manière à gagner lentement. On eut même soin de l'éteindre, lorsqu'il devenait trop fort. Les liens qui attachaient les martyrs aux poteaux étaient faibles, afin que si quelqu'un d'entre eux, vaincu par la souffrance, voulait apostasier, il pût s'en débarrasser facilement et sortir du bûcher.

« Le poteau de Lucie Fraïtez se trouvait à côté de celui du père Spinola, comme elle l'avait désiré, et il lui donna la dernière absolution.

« Puis, ce Père, se tournant vers l'officier qui présidait à l'exécution, lui dit d'une voix forte : « Vous « voyez ce que les religieux d'Europe viennent chercher « au Japon. Leur joie au milieu de cet affreux supplice « vous montre l'injustice de vos soupçons et de vos pré- « ventions contre eux. » Adressant ensuite une dernière exhortation à l'assemblée, il dit : « Ce feu qui va nous « brûler n'est que l'ombre de celui dont le vrai Dieu « punira éternellement ceux qui auront refusé de le « reconnaître, ou qui, après l'avoir reconnu et adoré, « n'auront pas vécu conformément à la sainteté de sa « loi. »

« Comme il achevait ces mots, le feu devint plus intense, surtout du côté du père Spinola, où le vent soufflait davantage. On voyait les saints martys, les yeux levés vers le ciel, et comme abîmés en Dieu. On eût dit qu'il ne leur restait aucun sentiment. Bientôt le feu ayant consumé les habits de Lucie Fraïtez, elle se trouva nue, et son courage en fut ébranlé. A demi rôtie, elle comptait pour rien en comparaison la douleur du feu. Le père Spinola lui reprocha sa faiblesse, l'exhortant à souffrir cette confusion pour l'amour de celui à qui elle avait offert ses douleurs et sa mort.

« Cependant, parmi les confesseurs, deux jeunes gens commençaient à faiblir, et leur agitation contrastait avec le calme de tous les autres. Paul Mangaxi, dont le poteau se trouvait près du leur, et dont la femme et le fils venaient d'être décapités sous ses yeux, les exhortait à persévérer. Quelques chrétiens de la foule s'avancèrent et s'efforcèrent aussi de ranimer leur courage. Tout fut inutile : l'impression du feu devenant plus vive, ils rompirent leurs liens et coururent à l'officier qui présidait l'exécution. Mangaxi courut après eux pour les ramener; mais, n'en pouvant venir à bout, il revint à son poteau. Arrivés devant l'officier, les deux jeunes gens le conjurèrent de leur couper la tête et de mettre fin à un supplice qu'ils ne pouvaient plus soutenir. Mais ils refusèrent d'apostasier. L'officier les fit rejeter dans le brasier où ils consommèrent leur sacrifice.

« Quant au père Spinola, au bout d'une heure il parut tout en feu, et ses liens furent consumés. Un témoin oculaire, dont la déposition se trouve dans les actes du procès de canonisation, assure qu'après sa mort on le trouva tout entier, avec sa soutane durcie et collée sur son corps par le feu et par l'eau qu'on y avait jetée, afin sans doute de prolonger ses souffrances. Cette exécution fut appelée le *grand martyre*. Il eut lieu au mois de septembre 1622. »

Nous avons sous les yeux la relation des persécutions exercées contre les chrétiens du Japon en 1623, 1628, 1629 et 1630. Tout ce que la haine la plus atroce peut inventer de supplices fut employé contre ces fidèles disciples du Sauveur. Nous n'avons pu nous armer d'assez de courage pour achever la lecture de ces horreurs, et notre plume se refuse à en reproduire le tableau. Nous croyons d'ailleurs que de tels récits seraient de nature à impressionner trop vivement l'imagination de nos jeunes lecteurs. Nous leur dirons seulement qu'après avoir vu ce qu'ont enduré pour la foi ces nouveaux convertis, nous nous sommes demandé, non sans effroi, comment le ciel, qu'ils ont gagné au prix de telles souffrances, pourra devenir notre partage, à nous qui faisons si peu pour le mériter, à nous que la moindre difficulté rebute, que la moindre croix épouvante, à nous qui voulons jouir des biens, des plaisirs, des honneurs de ce monde, et qui ne savons pas même prendre en patience nos travaux et nos soucis quotidiens.

Une autre relation, écrite par le père Alexandre de Rhodes, en 1653, rend compte de la vie et de la mort de cinq religieux de la compagnie de Jésus, martyrisés au Japon dix ans auparant.

« Il faut, dit l'auteur dans sa préface, que je vous fasse voir une pauvre Église affligée, toute noyée dans le sang, et où l'on fait autant de martyrs que l'on peut rencontrer de prédicateurs du saint Évangile : c'est cette belle chrétienté du Japon, commencée par le grand saint François Xaxier, qui la chérit encore si tendrement, qu'il va partout lui procurant de nouveaux ouvriers et les empêchant de mourir en Europe, lors même qu'ils sont en l'agonie, pour aller chercher une mort bien plus glorieuse dans les fossés du Japon, d'où ils sortent, chargés de palmes et de lauriers, pour faire leur entrée dans le paradis.

« Depuis le commencement de l'Église, nous ne savons pas qu'il y ait jamais eu de tyrans si obstinés à exterminer du monde le nom des chrétiens que sont les Japonais à les chasser de leur royaume. Il y a déjà quarante ans que l'on n'y entend que menaces, que l'on n'y voit que feux et que gibets, et que la mort est le moindre des maux qu'on y fait souffrir à ceux qui adorent Jésus-Christ. »

Ces cinq généreux missionnaires ne se faisaient pas illusion sur le sort qui les attendait au Japon, où déjà tant d'autres avaient péri. Pour y pénétrer, ils se déguisèrent en Chinois; mais à peine étaient-ils débarqués, qu'ils furent reconnus et amenés au gouverneur de Nangasaki. Celui-ci essaya, par de belles promesses, de les décider à une apostasie; mais ses efforts ayant été inutiles, il les fit mettre à mort, après sept mois entiers des plus cruels tourments. Ces cinq missionnaires étaient Antoine Rubin, originaire du Piémont, et supérieur des missions de la Chine et du Japon; Albert Miciski, la joie et l'espoir d'une des plus illustres familles de la Pologne; le Napolitain Antoine Capèche, fils du marquis de Capèche; l'Espagnol Jacques Moralès, noble de naissance, éminent en savoir et en vertu; enfin, le Japonais François Marquez, descendant par sa mère du roi de Bungo, dont nous avons parlé dans la vie de saint François Xavier.

D'autres missionnaires, envoyés après ceux-là, eurent le même sort, et notre auteur conclut ainsi sa relation : « Je prie tous ces glorieux martyrs, par toutes les plaies qu'ils ont souffertes, et par toutes les couronnes qu'ils ont méritées, de nous regarder favorablement du trône de leur gloire où ils sont assis, et, puisque nous avons l'honneur d'être leurs frères, nous impétrer la grâce d'être les imitateurs de leur zèle.

« Pour moi, j'avoue qu'il me semble que tous ces membres meurtris, brûlés, déchirés, sont pleins de bouches qui reprochent la lâcheté criminelle de ceux

qui ne veulent rien faire pour Jésus-Christ, et autant de
fournaises d'où sortent des flammes ardentes qui brûlent
tous les cœurs du même zèle qui les a portés à une si
généreuse mort. »

Quelques années après, la persécution s'assoupit un
peu ; mais elle se réveilla plus furieuse en 1666, et les
mesures les plus habiles furent prises pour arriver à la
complète extinction du christianisme. Au nombre de ces
mesures, il faut citer la loi de jésumi, qui oblige tout
Japonais à fouler aux pieds l'image du Christ et celle de
la vierge Marie.

« Vers la fin de l'année, dit Charlevoix, on fait une
liste exacte de tous les habitants de tout sexe et de tout
âge, et le second jour du premier mois de l'année suivante, les ottonas, accompagnés de leurs lieutenants,
du greffier et des trésoriers de chaque rue, vont de
maison en maison, faisant porter par deux hommes du
guet deux images, l'une de Notre-Seigneur attaché à la
croix, et l'autre de sa sainte Mère ou de quelque autre
saint. On les reçoit dans une salle, et dès qu'ils ont pris
place, le chef de la famille, sa femme, ses enfants, les
domestiques de l'un et de l'autre sexe, les locataires et
ceux des voisins dont les maisons sont trop petites pour
recévoir tant de monde, sont appelés les uns après les
autres par le greffier, à qui l'on a donné tous les noms.
A mesure qu'on les nomme, on leur fait mettre le pied
sur les images, qu'on a posées sur le plancher. On n'en
excepte pas même les petits enfants, que leurs mères
ou leurs nourrices tiennent par les bras. Ensuite le chef
de famille met son sceau sur la liste, qui est portée aux
gouverneurs. Quand on a ainsi parcouru tous les quar-
tiers, les officiers font eux-mêmes le jésumi, se servant

mutuellement de témoins, puis apposent leur sceau au procès-verbal. »

Enfin, pour empêcher qu'aucun vaisseau étranger n'amenât des chrétiens dans les ports du Japon, l'empereur y fit peindre des croix disposées de telle sorte qu'on ne pouvait y débarquer sans fouler aux pieds le signe du salut. Les navires portugais avaient d'ailleurs renoncé à se charger de conduire des missionnaires au Japon, depuis que la persécution y sévissait avec tant de violence.

Mais, dira-t-on, ces chrétiens si cruellement maltraités pouvaient chercher une autre patrie. Non, ils ne le pouvaient pas sans exposer leurs parents à la mort; car la loi frappait non-seulement ceux qui essayaient de fuir, mais encore leur famille.

Il est à croire cependant que, malgré tant de rigueurs, la religion chrétienne ne s'est pas tout à fait éteinte sur cette terre du Japon, où elle avait jeté un si vif éclat; mais si elle y est encore pratiquée, c'est dans le plus profond secret, et par un bien petit nombre de fidèles. Toutefois, cet état de choses va cesser; car, en vertu de traités récemment conclus avec la France et plusieurs autres puissances de l'Europe et de l'Amérique, le Japon a ouvert ses ports au commerce étranger, et déjà de pieux missionnaires travaillent à y rallumer le flambeau de la foi.

Le traité signé avec la France en 1858 porte que les sujets français jouiront au Japon du libre exercice de leur religion, qu'ils pourront y élever, dans le lieu destiné à leur résidence, les édifices convenables à leur culte, comme églises, chapelles, cimetières. Il y est en outre spécifié que le gouvernement japonais a déjà aboli dans l'empire les pratiques outrageantes pour le christianisme.

Ainsi le jésumi n'existe plus ; mais la peine de mort menace toujours les Japonais qui embrasseront cette religion, et sont frappés de la même peine leurs parents au premier degré d'affinité et de consanguinité. Il y a des missionnaires au Japon ; mais la prédication de l'Évangile n'y est pas autorisée, et il faudra peut-être encore bien des années avant que cette sainte doctrine y compte de nombreux prosélytes.

XI.

Réunion des Évêques à Rome pour la Canonisation des Martyrs
du Japon.

Une nouvelle aurore commence donc à luire sur le
Japon; bientôt sans doute cette terre , arrosée du sang
de tant de martyrs, redeviendra féconde pour le ciel,
et tous les chrétiens zélés pour la propagation de la foi
voient une coïncidence providentielle entre le rétablis-
sement de la mission japonaise et la canonisation des
vingt-six crucifiés de Nangasaki.

Le 18 janvier 1862, le cardinal Caterini adressa la
lettre suivante à tous les évêques du monde catholique :

« Illustrissime et révérendissime seigneur ,

« Je ne pouvais recevoir un ordre plus agréable que
celui d'annoncer à Votre Grandeur, au nom du saint-père,
que Sa Sainteté a résolu de convoquer, pour le mois de

mai prochain, deux consistoires semi-publics, après lesquels, le jour de la Pentecôte, seront proclamés au
nombre des saints les bienheureux martyrs japonais,
Pierre-Baptiste et ses compagnons, de l'ordre franciscain
des Mineurs-Observants, le bienheureux Michel de Sanctis, confesseur de l'ordre de la Très-Sainte-Trinité de la
Rédemption des esclaves.

« Sa Sainteté donc, suivant l'exemple de ses prédé-
cesseurs, aurait voulu réunir à Rome, sous son autorité, les évêques d'Italie, afin que, dans une affaire de si
haute importance, ils pussent donner leur opinion bien
réfléchie, et par leur présence augmenter la grandeur
de cette solennité. Mais devant les calamités déplorables
dont la majeure partie de l'Italie est affligée, et qui ne
permettent pas aux pasteurs de s'éloigner de leurs trou-
peaux, elle a jugé cette fois convenable de s'écarter de
l'usage ordinaire.

« C'est pourquoi le saint-père a daigné m'ordonner
d'adresser cette lettre non-seulement aux évêques
d'Italie, mais à ceux du monde catholique, afin de leur
donner l'heureuse nouvelle de cette affaire, et en même
temps de leur déclarer que ce serait pour Sa Sainteté
une chose très-agréable de voir tous les évêques qui,
soit de l'Italie, soit des autres parties du monde, juge-
ront à propos de faire ce voyage de Rome, sans préjudice pour les fidèles et sans aucun obstacle, afin d'assister aux consistoires et à ces grandes solennités..... »

Cette lettre à peine reçue, les évêques s'empressèrent
de mettre ordre aux affaires de leurs diocèses, afin de
pouvoir se rendre à l'invitation qu'elle contenait. Non-
seulement ils désiraient assister à la canonisation solennelle des martyrs du Japon, mais ils s'estimaient

heureux de donner au souverain pontife Pie IX un témoignage de soumission et de tendresse filiales.

En effet, au milieu des épreuves suscitées à la papauté, rien ne pouvait être plus consolant pour le chef suprême de l'Église que de voir réunis autour de lui un grand nombre d'évêques. Depuis longtemps déjà il songeait à cette canonisation, et il crut n'en pouvoir mieux choisir l'époque, pour qu'une si grande solennité fît impression sur les fidèles.

Le 23 décembre précédent, Pie IX avait manifesté, dans un consistoire secret, l'intention de canoniser les martyrs et le bienheureux Michel de Sanctis, sur la vie duquel il convient de donner quelques détails.

Né le 27 septembre 1591, à Vic, en Catalogne, Michel montra dès sa plus tendre enfance une piété si vive, qu'il devint pour tous ceux qui l'approchaient un sujet d'édification. Il se consacra de bonne heure à Dieu par le vœu de chasteté, et il n'avait que douze ans lorsqu'il résolut d'embrasser la vie religieuse. Les Trinitaires le reçurent dans leur couvent de Saragosse, et il y prononça ses vœux à l'âge de seize ans. Mais bientôt la règle de ce couvent ne suffisant plus à sa ferveur, il entra dans un autre du même ordre, où la réforme introduite par le bienheureux Jean-Baptiste de la Conception était sévèrement pratiquée.

Là encore, ce jeune religieux se distingua par une piété angélique, une humilité profonde et un si ardent désir de souffrir pour Jésus-Christ, qu'il s'imposait volontairement les plus grandes austérités. Il jeûnait sans cesse, ne buvait jamais de vin, et restait quelquefois d'un dimanche à l'autre sans prendre de nourriture. Il portait le cilice, couchait sur la dure, passait une par-

tie des nuits en prières et châtiait son corps par de san-
glantes disciplines. Ces œuvres de pénitence ne l'empêchaient pas de se dévouer à celles de la charité. Il visitait les prisonniers et les malades, assistait les mourants,
consolait les affligés et recevait avec une paternelle
bonté tous ceux qui, attirés par sa réputation de sainteté, venaient réclamer ses conseils. Il écoutait surtout
les pécheurs avec miséricorde, il savait leur inspirer le
regret de leurs fautes et les ramener à Dieu.

Il donnait à l'oraison tout le temps qu'il n'employait
pas au service de ses frères, et Dieu récompensait par
d'abondantes consolations spirituelles tant de zèle et de
charité. On le vit plusieurs fois ravi en extase, surtout
au moment de l'élévation, lorsqu'il célébrait le saint
sacrifice de la messe.

Il jouit même pendant sa vie du don des miracles, et,
après sa mort, il s'en opéra plusieurs à son tombeau.
Les pèlerins y accouraient en foule, pour y trouver un
remède à leurs chagrins ou à leurs maladies, et le pape
Pie VI, après toutes les formalités usitées en pareil cas,
le mit au rang des bienheureux, au mois de mai 1779.
Depuis deux siècles l'usage de l'Église étant de canoniser à la fois plusieurs saints, Pie IX résolut de joindre
aux vingt-six martyrs du Japon le bienheureux Michel
de Sanctis.

« C'est par un dessein très-sage de la divine Providence, dit le promoteur dans l'affaire des martyrs japonais, que la cause de ces généreux défenseurs de la foi
est appelée à recevoir son couronnement dans ces jours
néfastes, où les ennemis de la religion emploient les
plus perfides efforts contre les âmes pieuses; il sera
opportun, il sera beau de décerner enfin les honneurs

suprêmes de la canonisation à ces invincibles soldats de la sainte Église qui, après les plus durs labeurs, ayant porté la foi chrétienne dans tout le Japon, ont scellé leur apostolat par leur martyre, s'offrant à une mort très-affreuse, qu'ils ont très-courageusement subie. Ce sera un nouveau, un admirable modèle pour les fidèles de notre temps, un modèle qu'ils contempleront avec soin et qu'ils s'efforceront d'imiter dans la mesure de leurs forces, de telle sorte qu'ils ne se laissent pas séduire par la ruse, ni effrayer par les menaces, et qu'ils conservent toujours la parfaite intégrité de leur foi. »

Le souverain pontife, dans le consistoire du 23 décembre 1861, n'avait parlé d'inscrire au catalogue des saints que les vingt-trois martyrs appartenant à l'ordre des Franciscains et le bienheureux Michel de Sanctis. Dans un autre consistoire tenu le 25 mars suivant, Pie IX permit de procéder également à celle des trois martyrs de la compagnie de Jésus, Paul Miki, Jean de Goto et Jacques Kisaï.

« Rien certainement ne pouvait être plus agréable à mon cœur que la cérémonie dont nous sommes tous témoins, dit le saint-père, dans cette réunion. Elle augmente (cette cérémonie) le nombre des serviteurs de Dieu, et ces saints serviteurs ne cessent de demander pour nous l'abondance de miséricorde nécessaire pour défendre les droits de la justice, obtenir la conversion des égarés et des apostats, soutenir avec fermeté et résignation la guerre et les souffrances, et pour assister ensuite aux triomphes de la paix. Oui, il est consolant pour nous de penser que, dans la solennité que nous aurons à célébrer prochainement, nous serons environné d'âmes d'élite, du collége des cardinaux et des évêques, nos frères. Ce sera un beau spectacle de voir le pasteur suprême entouré des autres pasteurs qui ont soutenu unanimement les droits de ce saint-siége, et ont allégé, par leurs consolantes paroles, notre profonde douleur.

« . . . .

« Tâchons que les menées tendant à séparer les pasteurs du troupeau n'atteignent pas leur but. Que les saints martyrs nous obtiennent cette grâce ! Que le Seigneur nous accorde, par leur intercession, le courage et la force de soutenir les combats à venir ! Que la très-sainte Vierge, aux auspices tout-puissants de laquelle nous avons dû de rester sain et sauf jusqu'à ce moment, daigne nous continuer sa protection, et qu'elle nous inspire une parfaite résignation à la volonté divine, pour que, de même qu'elle a prononcé le *fiat* attendu par les générations humaines, nous puissions de la même façon, animé par elle, dire aussi au Seigneur : *Ecce servi tui ; fiat nobis secundùm voluntatem tuam.*

« Après cela, il ne nous reste plus qu'à prier le Seigneur qu'il veuille faire descendre sur nous tous sa bénédiction , qu'elle descende sur la compagnie qui a produit tant de héros pour le ciel et tant de défenseurs à l'Église, et qu'elle lui donne, malgré tant de luttes, la force pour maintenir l'observance régulière et les préceptes d'une vie exemplaire. Que cette bénédiction donne l'intelligence à notre pauvre esprit, et qu'elle communique la force à notre faible bras ! Que cette bénédiction soulage et protége tous ceux qui travaillent à soutenir le vaisseau de l'Église, ballotté par les flots, pour que leurs voix ne soient pas couvertes par le bruit de la tempête qui s'est déchaînée ! Que cette bénédiction serve enfin à ranimer tous les bons et à convertir tous les méchants. »

Dans cette allocution, le souverain pontife exprimait le désir et l'espoir de voir accourir autour de la chaire de Saint-Pierre un grand nombre d'évêques. Ses vœux furent réalisés, sinon surpassés. Plus de trois cents évêques répondirent à l'appel du pasteur suprême. Les uns vinrent des extrémités de l'Asie, de l'Afrique et de l'Amérique, sans s'inquiéter des difficultés et des dangers du voyage ; les autres, de la France, de l'Angleterre, de l'Autriche, de la Pologne, de l'Espagne, de la Belgique, de la Prusse, de la Bavière, de la Hongrie ; et, sans doute, pas un n'eût manqué de se rendre auprès du souverain pontife, si des obstacles plus puissants que sa volonté ne s'y fussent opposés.

Aux évêques se joignirent une foule de prêtres et de catholiques de toutes les nations, et l'on ne porte guère à moins de cent mille les étrangers qui se pressèrent alors à Rome. La ville éternelle parut avoir retrouvé sa splendeur, et le père commun des fidèles put voir combien les vrais chrétiens lui sont restés soumis et dévoués.

Ce n'était pas la curiosité qui poussait vers Rome ces nombreux pèlerins ; car une exposition universelle était ouverte à Londres, des fêtes se célébraient à Naples, où le roi Victor-Emmanuel se trouvait avec le prince Napoléon, son gendre, et les oisifs pouvaient y aller chercher des distractions, plutôt que d'accourir à la voix de Pie IX, pour être témoins d'une solennité religieuse. Cela prouve que l'empire de la foi est encore plus grand qu'on ne le suppose, et que les intérêts spirituels ne sont pas tout à fait sacrifiés au veau d'or, idole devant laquelle se prosternent tant d'adorateurs.

Le 7 avril, un nouveau consistoire secret eut lieu pour la canonisation des martyrs de la compagnie de Jésus ; et le 5 mai, les évêques étant presque tous arrivés, le cardinal-vicaire adressa au peuple, selon l'usage, l'*invito sacro*, c'est-à-dire l'invitation de prier pour que les lumières du Saint-Esprit se répandissent sur l'assemblée pontificale.

« Un des actes les plus solennels de l'Église catholique, dit l'*invito sacro*, est d'inscrire sur le catalogue des saints ces glorieux héros qui ont parcouru sans souillure la voie des divins préceptes et pratiqué dans un degré héroïque les vertus chrétiennes, ou qui, professant la foi catholique au milieu des ennemis de la croix, n'ont pas hésité, pour la défendre, à donner leur vie même et à souffrir les plus horribles tourments.

« Tandis que Dieu, dans ses fins très-sages, permet que son Église souffre une double persécution, l'une excitée par ses fils mêmes, l'autre par les ennemis déclarés du Christ, qui, dans la Cochinchine et le Tonkin, renouvellent les cruautés des Néron et des Domitien contre les glorieux confesseurs de la foi catholique, le même Dieu, dans son admirable providence, a voulu que, dans le temps même de ces terribles persécutions, arrivât l'arrêt solennel de la canonisation des vingt-six martyrs du Japon et du bienheureux Michel de Sanctis, afin que les fidèles, animés par l'exemple héroïque des vertus chrétiennes, par l'exemple de la vraie charité fraternelle et de la constance dans les tourments, se montrent toujours les fidèles disciples du Christ et les zélés observateurs de sa céleste doctrine.

« Les relations les plus authentiques et les plus dignes

de foi venues de la Cochinchine et du Tonkin nous
montrent en effet que ces glorieux exemples encouragent les évêques, les prêtres réguliers et séculiers, les
religieuses et les fidèles de tout sexe, à supporter les
plus cruels tourments. Ils ne craignent ni la prison, ni
les coups, ni les chevalets, ni la plus lente et la plus
cruelle mort; ils sont prêts à tout souffrir plutôt que
d'abandonner cette religion unique dans laquelle seule
se trouve le salut éternel.

« Sa Sainteté, notre seigneur, le pape Pie IX, se disposant au grand acte de la canonisation solennelle,
veut qu'il soit précédé de prières publiques et privées,
afin d'obtenir du Père des lumières l'assistance dont il
a besoin pour accomplir cet acte éminemment pontifical.

« . . . .

« Accourons tous, ô fidèles! accourons au trône de
la divine miséricorde, secondons les saintes intentions
du vicaire de Jésus-Christ; élevons vers Dieu nos ferventes prières pour ceux de nos frères qui sont en butte
à la plus violente persécution, afin que le Seigneur
daigne, dans son infinie miséricorde, la faire cesser et
accorder, en attendant, aux persécutés la constance nécessaire pour remporter la glorieuse palme du martyre.
Que les Romains, qui ont donné tant de preuves de leur
dévouement filial au père commun des fidèles, montrent
aux étrangers qui affluent dans cette cité, par leur foi,
par leur piété, qu'ils sont vraiment dignes d'avoir reçu
le jour dans le centre du christianisme, près du siége
glorieux du vicaire de Jésus-Christ. »

L'*invito sacro* indiquait les églises de Saint-Jean de
Latran, de Saint-Pierre et de Sainte-Marie Majeure,
comme devant être le rendez-vous des fidèles qui vou-

draient assister aux prières solennelles prescrites pour
la canonisation. Le 11 mai, Pie IX se rendit à Saint-Jean
de Latran, au milieu d'une foule immense qui le saluait
de ses acclamations, et qui jetait des fleurs sur ses pas.
Le 14, le même concours de peuple se pressait aux
abords de la magnifique basilique élevée par le génie
de Michel-Ange. Le 15, il y eut consistoire public au
palais du Vatican. Le 18, les prières eurent lieu à
Sainte-Marie Majeure, et le pape reçut le même accueil
que les jours précédents.

Enfin, le premier consistoire semi-public se tint le 22.
Les évêques y furent consultés sur l'opportunité de la
canonisation des martyrs du Japon, et leur avis fut
unanime. Deux jours après, le sénat décerna le titre
de citoyen romain à tous les évêques réunis à Rome.

« Lorsque, le 22 mai, dit le décret du sénat, on a parlé
dans cette illustre assemblée du jour très-heureux où
le pape Pie IX, prince très-prudent, consolateur du
peuple chrétien, accordera avec une grande solennité
les honneurs de la canonisation aux vingt-six martyrs du
Japon et au bienheureux confesseur Michel de Sanctis,
lorsqu'on a parlé du très-grand concours de cardinaux,
patriarches, archevêques et évêques, venus à Rome de
tous les points du monde, ce sénat a résolu à l'unani-
mité de créer nobles citoyens romains ces vaillants défenseurs de la foi, qui ont bien mérité de la religion
catholique, et de leur décerner les mêmes honneurs
dont se glorifiait saint Paul, l'apôtre des Gentils; et
pour conserver le souvenir de ce fait si mémorable, le
sénat a décidé qu'une inscription serait placée dans les
salles du Capitole.

« On a donc voulu, illustrissime et révérendissime

seigneur, vous placer dans l'ordre très-distingué des nobles citoyens romains et vous donner des lettres publiques, afin qu'il soit manifeste que Votre Grandeur a reçu la noble bourgeoisie, qu'elle doit être considérée comme un des nobles citoyens romains, et qu'elle a droit à tous les honneurs, priviléges et bénéfices attachés à ce titre, de telle sorte que tout ce que vous avez fait jusqu'à présent et tout ce que vous ferez de remarquable à l'avenir soit considéré comme un bien et une gloire pour le siége apostolique et pour la ville de Rome.

« Donné au Capitole, le 22 mai 2646 de la fondation de Rome, et 1862 de l'ère chrétienne. »

Le même jour, un nouveau consistoire eut lieu pour le vote de la canonisation du bienheureux Michel de Sanctis.

Le 26, jour de la fête de saint Philippe de Néri, fondateur des Oratoriens, il y a chaque année chapelle papale, à dix heures du matin, à la Chiesa nuova (l'église neuve) de Sainte-Marie della Vallicella. Cette année. on y pouvait manquer moins que jamais ; les étrangers étaient trop heureux de voir se déployer dans leur éclat les pompes de l'Église.

Longtemps avant l'heure indiquée pour la cérémonie, la foule encombrait les rues qui conduisent du Vatican à la Chiesa nuova. Toutes ces rues étaient tendues d'étoffes précieuses et couvertes de sable jonché de fleurs. Le pape, en voiture de gala, et précédé de la garde noble, en tête de laquelle marchait la musique palatine, s'avança au milieu d'un tonnerre d'applaudissements et sous une pluie de couronnes et de bouquets.

Viva Pio nono, papa e re! criaient les Italiens.
« Vive Pie IX, pape et roi! » répétaient les Français
avec non moins d'enthousiasme. Le souverain pontife,
attendri par ces marques d'amour, souriait avec bonté
et appelait la bénédiction du ciel sur tous ces enfants
qui l'acclamaient comme un père bien-aimé.

Le 29, jour de l'Ascension, le pape donna, du haut du
balcon de Saint-Jean de Latran, la bénédiction à la ville
et au monde, *urbi et orbi*. Jamais les pèlerins accourus
de tous les points de l'univers catholique n'avaient vu
spectacle plus grandiose et plus touchant.

« Le saint-père, dit une correspondance reproduite
par le journal *le Monde*, a traversé les rues de Rome
sous une pluie de fleurs, aux acclamations les plus enthousiastes. Qu'il était beau, majestueux, recueilli, lorsqu'il a fait son entrée dans la basilique, précédé de
cinquante cardinaux, suivi d'une multitude d'évêques,
entouré de sa garde et d'un peuple immense! Malgré
toutes ses douleurs, il a le même visage qu'il y a onze
ans : la sérénité et la douceur sont peintes dans ses
traits; c'est une figure surhumaine.

« Les cérémonies se sont accomplies avec une solennité qu'on ne saurait rencontrer nulle part ailleurs. Un
sermon a été prêché en latin, suivant un ancien usage,
par un élève du séminaire Capranica....

« Après la messe, a eu lieu la bénédiction du haut de
la Loggia. Je croyais que rien ne pouvait égaler le spectacle que nous avions contemplé il y a onze ans, sur la
place Saint-Pierre. Celui dont j'ai été témoin hier est
encore plus émouvant. Le site de Saint-Jean de Latran,
au milieu des ruines de l'antiquité, en face d'une campagne immense et des hautes montagnes qui s'aper-

çoivent à l'horizon, ajoute à la splendeur de cette solennelle bénédiction.

« Sur la place étaient rangées notre armée et l'armée pontificale. Une foule innombrable de prêtres, de Romains et d'étrangers étaient là réunis. Le pape, placé en présence de cette multitude, dans une tribune disposée au milieu de la façade de la basilique, entre le ciel et la terre, avait l'air inspiré. Jamais je ne l'ai vu si digne, si grand, si beau. Quand il a élevé la voix et étendu les bras, comme pour embrasser le monde entier, tous ont fléchi le genou, et immédiatement après, une acclamation immense, unanime, a fait retentir les échos de l'antique cité. Je n'ai pu retenir mes larmes. Mais j'ai tort de vouloir décrire une scène si grande : il faut la voir pour s'en faire une idée. »

« J'avais lu bien des pages éloquentes sur la bénédiction *urbi et orbi*, dit une autre correspondance du même journal, et je croyais avoir quelque idée de la grandeur et de la souveraine beauté de ce spectacle sacré. Tout reste infiniment au-dessous de la réalité. La parole de Pie IX remplissait les airs ; on ne perdait pas une syllabe de la formule sainte. Près de moi quelqu'un disait à son voisin : « Est-ce la voix d'un pape qui se meurt ? » Et lorsque tout ce peuple agenouillé, se relevant, répondait à la bénédiction de son père par un immense cri d'amour, le même interlocuteur reprit : « Croyez- « vous vraiment que l'Église soit morte ? »

« On m'a raconté l'histoire d'un libre penseur qui, le 18 mai, était entré à Sainte-Marie Majeure, le cœur tout plein de son incrédulité. Il en sortit chrétien : il avait vu le pape et entendu le peuple romain prier avec lui. Je ne doute pas que plus d'une conversion semblable n'ait eu lieu hier à Saint-Jean de Latran. En tout cas, la foule des chrétiens qui avaient le bonheur de s'y trouver a été confirmée dans sa foi. Au milieu de ces immenses assemblées réunies aux pieds du successeur de saint Pierre, on sent physiquement, pour ainsi dire, l'influence de la grâce divine. On éprouve quelque chose de ce que ressentaient les disciples d'Emmaüs en écoutant le Sauveur; le cœur est tout ardent, et il semble impossible de penser à autre chose qu'à Notre-Seigneur et à sa sainte Église. De là je ne sais quelle joie douce et tranquille, où l'âme est comme noyée. Toutes les inquiétudes, toutes les préoccupations s'en vont; et si parfois une nouvelle, un bruit répandu les fait reparaître un moment, on se dit : « Quoi qu'il arrive, nous n'oublie-« rons jamais les jours bénis que Dieu nous a fait la « grâce de passer à Rome. »

Les sentiments exprimés dans ces lettres étaient non-seulement ceux des évêques et des prêtres réunis dans la ville éternelle, mais ceux de tous les pèlerins, et ces belles fêtes si pompeusement célébrées étaient une digne préparation à la grande solennité qui s'approchait.

XII.

Séjour des Évêques à Rome avant la Canonisation.

Le samedi 1er juin, les évêques, rassemblés chez le cardinal Altieri, reçurent une nombreuse députation de la jeunesse romaine, qui les remercia d'avoir donné au souverain pontife un témoignage de leur filiale vénération, et qui protesta de toutes ses forces contre les sentiments attribués au peuple romain par les ennemis du saint-siége.

Deux cents voix chantant un hymne à Pie IX s'élevèrent ensuite du sein de cette belle jeunesse. L'union de la poésie et de la musique, ces deux arts qui semblent avoir pris naissance sous le ciel de l'Italie, porta au comble l'émotion des évêques. De bien douces larmes furent versées, quand, après une allocution chaleureuse du cardinal Wiseman, les jeunes gens promirent de demeurer fidèles à la religion et d'être prêts à la défendre courageusement, à l'exemple des saints martyrs dont la canonisation avait amené à Rome tant d'augustes prélats.

Le mardi suivant, à l'occasion d'une messe solennelle célébrée à Saint-André par l'archevêque primat arménien de Constantinople, un sermon de charité fut prêché par Mgr Dupanloup, évêque d'Orléans, en faveur des Grecs et des Bulgares. On demandait non-seulement des aumônes, mais aussi des prières, pour ces populations séparées de l'Église et qui semblent désireuses d'y rentrer. L'éloquent prélat fut écouté d'abord avec une attention recueillie ; mais bientôt le recueillement devint de l'admiration, et des applaudissements éclatèrent de toutes parts. L'orateur les réprima, en rappelant à son auditoire que la majesté du saint lieu interdisait ces sortes de manifestations.

Ce magnifique discours mériterait d'être reproduit dans son entier ; mais nous n'en citerons que quelques passages.

« Vous qui croyez l'Église à son déclin, regardez-la donc de près. Voyez dans ses regards cette flamme de vie, et sur son front cette jeunesse éternelle, et dites-nous si tout cela n'est pas debout, vivant, immortel, par la vertu divine et à jamais invincible de celui qui descendait sur les apôtres, au matin même du jour où mille voix s'écriaient autour de vos pères : *Ubi est Deus eorum ?* Où donc est leur Dieu ?

« Eh bien ! voilà ce que nous avons fait. Nous sommes venus ici, dans cette confiance, pour ce grand anniversaire qui, cette année, sera solennisé par la canonisation de nos martyrs. Souvenir glorieux qui nous rappelle que la vertu de la Pentecôte demeure jusqu'à nous, que le cruel Japon et tous les tyrans peuvent frapper, que les apôtres de l'Évangile ont dans leurs veines un sang qui ne demande qu'à couler pour Jésus-Christ, et que l'Église ne saurait défaillir dans la grande mission qui lui a été assignée par son divin fondateur, d'être à jamais ici-bas le témoin et le répondant de la vérité et de la justice.

« Quelquefois, dans ces moments, je ne dirai pas de découragement et de désespoir, mais de tristesse et de trouble, qui, durant les jours mauvais, saisissent les âmes même les plus fortes, à la vue de l'éloignement apparent de Dieu, on se dit : Oh ! comme Dieu éprouve son Église ! Et moi, je suis tenté de dire : Comme il la console ! comme il la soutient ! comme il la glorifie ! comme, dans je ne sais quel jeu divin de sa providence, il se plaît à faire succéder pour elle, pendant le cours de son pèlerinage ici-bas, à des épreuves passagères, d'inattendus et triomphants secours ! L'épreuve, c'est un de ces brouillards du matin qui quelquefois s'élèvent et effraient le voyageur timide. Mais celui qui a du cœur et qui continue sa route voit bientôt se dissiper la vapeur humide et froide, et le soleil resplendir au plus haut des cieux.

« Chrétiens, chrétiens de peu de foi, que craignez-vous? Dieu est derrière le nuage; attendez un peu, il se montrera, et vous le reverrez dans sa force et dans sa gloire.

« Pour moi, quand je vous regarde, quand je vous compte, quand j'entends le cri de vos âmes, je ne puis point ne pas me dire : Il y a ici je ne sais quelle secrète et puissante action de Jésus-Christ; c'est comme une aurore, comme un lointain parfum de victoire. Oui, c'est ici la veille d'un triomphe, si ce n'est pas le triomphe même. C'est la veille d'une de ces victoires que chantait saint Paul, quand il disait : La victoire qui triomphe du monde, c'est notre foi. *Hæc est victoria quæ vincit mundum, fides nostra.*

« Et, de bonne foi, je le demande même à ceux qui n'ont pas le bonheur de partager nos croyances et nos espérances, y a-t-il ici-bas une ville, un peuple, un roi, une puissance souveraine, quelle qu'elle soit, qui, sur un simple désir du cœur, exprimé dans les termes les plus ménagés, les plus réservés, les plus délicats, ait vu tout à coup le monde entier s'ébranler, et de toutes les extrémités de son empire les représentants de tous les peuples venir mettre à ses pieds leur dévouement et leur amour?

« Non, je ne fais injure à aucune des puissances de ce monde, en disant qu'il n'y en a pas une qui puisse ainsi remuer la terre entière. Je le répète, il y a là un signe éclatant de la présence de Dieu dans son Église, et pour le jour que sait la Providence, un présage certain de la victoire.

« Et quand nous n'aurions pas, pour affermir nos âmes, ces grandes pensées, le sol que nous foulons aux pieds suffit pour inspirer les mêmes espoirs.

« J'aime, je l'avoue, quand je suis à Rome, à rechercher nos origines, j'aime à descendre dans les entrailles de la terre, à visiter ces immortelles catacombes sanctifiées par nos martyrs, à y retrouver les souvenirs et les ossements sacrés de ceux qui sont morts pour Jésus-Christ. Et parmi ces profondeurs divines où je me plais à pénétrer, il en est une que j'ai recherchée entre toutes les autres, et dont vous avez peut-être recherché comme moi l'horreur attendrissante et le glorieux dénûment. Je veux parler des prisons Mamertines.

« Oui, quand je veux relever mon courage, c'est là que je vais. Je descends à la dernière profondeur, et, écartant les souvenirs profanes, Jugurtha, les complices de Catilina et tous les autres que ce lieu rappelle, c'est là que je retrouve Pierre et Paul....

« Que se passait-il dans l'âme de ces grands apôtres, enchaînés là, tous deux, dans ce cachot infect ? Plus de lumière, plus de soleil, plus de vie.... Et puis on les tire tous deux de là, et ils vont en silence, l'un mené vers les jardins de Néron, l'autre sur une autre voie.... où sa tête tombe ; car il est citoyen romain.... Pour le premier, il a l'honneur incomparable, justement réservé au prince des apôtres, d'être crucifié comme son maître, mais la tête en bas.

« Tout ému de ce souvenir, je sors de ces ténèbres, je retrouve le jour, et mon pied touche le Capitole. J'y vois encore ce rocher immobile chanté par le poëte, *Capituli immobile saxum;* mais à la place du Jupiter Capitolin que virent là Pierre et Paul, j'y vois la croix de leur maître. Elle règne, elle triomphe, elle est là, glorieuse ; eux, ils sont morts !...

« Je continue à cheminer dans cette Rome, déserte pour ma pensée, malgré la foule, et je retrouve ces deux hommes, Pierre et Paul, l'un sur la colonne Trajane, les clefs du royaume des cieux à la main ; l'autre sur la colonne Antonine, avec le glaive de la parole qui a vaincu le monde.... Et ils sont morts....

« Je continue : j'entre dans le jardin de Néron, où ce misérable se servait des premiers chrétiens comme de flambeaux vivants pour éclairer ses jeux nocturnes, et là même, sur l'obélisque de granit qui se dresse encore au milieu de la place immense, je lis : *Christus vincit*, *Christus regnat*, *Christus imperat....* Et ils sont morts....

« Je continue : je passe entre les temples, les images sacrées et les portiques, et je pénètre dans cette basilique, la merveille du monde ; j'entre dans cette lumière, dans cette splendeur, dans cette immensité, dans ce rayonnement de toutes les gloires, depuis le Père céleste, resplendissant à la voûte au milieu des séraphins et des anges, jusqu'à ce glorieux tombeau, et parmi les grandes figures des prophètes, des évangélistes, des docteurs, des fondateurs d'ordre, de tous ceux qui ont fait une œuvre ici-bas, je lis, gravées en caractères d'or, ces paroles immortelles : *Tu es Petrus, et super hanc petram ædificabo Ecclesiam meam, et portæ inferi non prævalebunt adversùs eam.* Tu es Pierre, et sur cette pierre je bâtirai mon Église, et les portes de l'enfer ne prévaudront point contre elle.

« Et, en vérité, quand je traverse ces grands contrastes, quand je suis accablé d'admiration en présence de ces monuments et de ces triomphes, lorsque je viens à me dire : Il y a des hommes qui veulent habiter là.... au milieu de ces splendeurs et de ces grandeurs; mais.... c'est impossible !... mais la nature invincible des choses y répugnera éternellement ! On ne refait pas l'histoire ! on ne refait pas le genre humain !... Mais il faudrait alors raser Rome tout entière et en refaire une à votre taille....

« Restez donc à votre place, et, pour l'honneur de l'Italie et du monde, laissez à la sienne le vicaire immortel de Jésus-Christ.

« Il est donc vrai, et il faut l'ajouter : partis de si

loin, nous sommes arrivés providentiellement à la magnificence, à la splendeur, à ce légitime éclat de la pourpre romaine ; mais, sachez-le bien, nous n'oublions pas nos origines, et quelles que soient les apparences, ne croyez point que nous tenions à cette pourpre : elle couvre de profondes vertus et des lumières qui n'ont pas défailli depuis dix-huit siècles dans le cœur des pontifes, et nous redisons tous, avec saint Paul, et nul ne le redit mieux que celui dont notre généreux amour, mes frères, fait aujourd'hui le plus riche trésor ; oui, notre vénéré pontife, dans sa plus sublime pauvreté, redit, et nous tous avec lui et avec le grand apôtre : *Scio et abundare, scio et humiliari.* Je sais être dans l'abondance, et je sais aussi être dans l'humiliation et la détresse ; et puisque ces jours sont venus, le pain que me donnent mes enfants est doux à mon cœur.

« Quand il plaît à Dieu d'envoyer la paix et la gloire à son Église, l'Église, Messieurs, sait en jouir, non pour elle, mais pour vous. Pour elle, elle n'oublie jamais ni Bethléem, ni le Calvaire, ni la prison Mamertine, ni les catacombes, prête à y descendre encore, si Dieu le voulait, certaine d'en sortir un jour avec ce feu sacré de la vertu chrétienne, sans lequel le monde entier retomberait dans ces ténèbres, dans cette nuit éternelle qui, comme l'a chanté votre grand poëte, menace toujours les siècles impies :

Impiaque æternam timuerunt sæcula noctem.

« Et ici, Messieurs, une pensée me frappe, un rapprochement me saisit. Il y a, au moment où vous m'écoutez, deux villes dans le monde où se parlent toutes les langues, et où se sont donné rendez-vous tous les peuples, par leurs divers représentants : Londres et Rome ; Londres, où sont venus, pour la grande exposition universelle des merveilles de l'industrie humaine, tous les capitalistes et les savants de la terre ; Rome, où sont venus se ranger autour du père commun des fidèles les évêques de toutes les parties du monde chrétien.

« Je suppose, hypothèse heureusement impossible, que, par un affreux malheur, tout ce qui est à Londres disparaisse dans un immense et subit affaissement ; certes, ce serait une catastrophe digne de toutes nos larmes, mais, après tout, une calamité réparable ; car, enfin, chose semblable s'est déjà vue sur la terre. Témoin cette Rome même où nous sommes, et où l'ancien monde avait fait comme une exposition perpétuelle de son industrie, de ses arts, de ses richesses. Mais un jour, Dieu envoya la tempête, et toutes les merveilles de ce vieux monde disparurent. Et ce sont ces papes, que les sauvages du XIXe siècle appellent des barbares, qui sont allés en rechercher les débris sous les décombres.

« Ils ont tiré des ruines du palais de Néron, l'Apollon, ce faux dieu ; mais ce beau marbre, ils l'ont logé dans leur palais ; ils ont réuni autour d'eux les Raphaël, les Michel-Ange, les Bramante ; ils ont encore les Overbeck et les Tenerani ; mais plusieurs siècles d'efforts, en ressuscitant les arts du monde ancien, n'ont pu les surpasser. Si vous êtes si fiers de ce que vous appelez vos découvertes, Messieurs, prêtez de loin votre oreille au bruit extraordinaire de cette immense destruction ; promenez les regards de votre esprit consterné sur ce monde antique, puissant, ingénieux, poli, brillant, et voyez-le tout à coup écrasé, oublié, disparu sous une épouvantable chute! Mais qu'a fait l'humanité? Elle a recommencé, et, après dix-neuf siècles, nous la voyons exposant de nouveau ses arts, ses statues, son travail, son industrie.

« Ah! ce n'est pas vous, Messieurs, ce n'est pas moi qui voudrions maudire l'industrie moderne. Elle est fille du travail, et le travail est digne de respect; l'homme y trouve sa noblesse dans son châtiment. Qui a fait les merveilles de l'industrie moderne? Le travail libre de l'ouvrier intelligent et honnête. Qui a rendu le travail libre? qui a rendu l'ouvrier honnête? C'est le christianisme. Sans lui, que serait l'industrie? Loin de lui, que deviendrait-elle? L'industrie, sans le vouloir, se courbe en serviteur docile, et concourt aux desseins de Dieu. Elle nous a portés ici, et je remercie ces instruments ingénieux qui accélèrent ici-bas la marche des envoyés de l'Evangile.... Seulement, à ces hommes réunis loin de nous, à travers la distance, au milieu des splendeurs, de l'enivrement de la richesse, des succès, je crie: Pensez à Dieu !

« Puis je regarde Rome.

« A Rome, on pense à Dieu. Nulles richesses, nul enivrement. Un pauvre prêtre, entouré de pauvres prêtres, la faiblesse apparente, des craintes et des adieux avec des prières, trois cents vieillards réunis autour d'un autre vieillard, qui est leur père, et qui peut leur dire, comme le prince des apôtres : « Vieillards « de l'assemblée sainte, je vous en conjure, vieillard « comme vous, témoin et héritier des souffrances de « Jésus-Christ. »

«Eh bien! supposez un moment que ces trois cents vieillards disparaissent de la face de la terre. Au lieu de supprimer les dix mille capitalistes qui sont à Londres, et ce qu'ils peuvent, les dix mille savants et ce qu'ils savent, supprimez les trois cents vieillards qui sont ici et ce qu'ils représentent, la foi, la vertu, Jésus-Christ, les Saints, l'Eucharistie, l'Évangile, la Croix! Oui, supposez un moment ces choses de moins dans le monde.... Comment le monde les retrouvera-t-il? Sous quels décombres ira-t-il les rechercher? Ah! nous ne sommes pas des capitalistes, des spéculateurs, des industriels. Nous n'avons pas été envoyés aux hommes pour faire des machines; mais nous avons été donnés au monde pour sauver les âmes, et les âmes ont besoin de nous, et sans nous les âmes mourraient au milieu des richesses; et si vous nous repoussez, sachez bien que vous attentez aux âmes.... Et si vous vouliez porter des mains encore plus insensées que sacriléges sur la pierre fondamentale qui nous porte, essayant de l'ébranler, afin d'ébranler tout l'édifice avec elle : ah! redoutez votre triomphe, car vous seriez écrasés vous-même sous les ruines que vous auriez faites. »

Ceux qui ont eu le bonheur d'entendre cet éloquent discours n'oublieront jamais l'impression qu'il a laissée dans leurs cœurs; tous savaient que Jésus-Christ est avec son Église, pour la protéger, pour la soutenir, que les jours mauvais qu'elle traverse en ce moment ne sont pour elle qu'une épreuve dont elle doit sortir plus glorieuse et plus forte; mais l'ardente parole du prélat, son geste inspiré, sa physionomie qu'un rayon divin semblait illuminer, la sainteté du lieu, la majesté de l'assemblée; tout, en un mot, semblait se réunir pour prêter un caractère prophétique à ce chef-d'œuvre d'éloquence.

Presque tous les évêques étaient arrivés, et chacun d'eux avait obtenu du souverain pontife une audience particulière. Il les réunit tous, le 3 juin, dans une des galeries du Vatican, et la parcourut en adressant à chacun quelque bonne parole, puis il leur témoigna sa joie de les voir autour de lui et leur donna sa bénédiction en ces termes :

« Je vous bénis, au nom du Père, pour qu'il conserve en vous la foi ; au nom du Fils, qui ratifiera, je l'espère, la bénédiction que va vous donner son vicaire indigne ; au nom du Saint-Esprit, pour qu'il embrase vos cœurs de cette ardente charité qui vous fera triompher des épreuves de ce monde et rendre enfin votre âme au ciel pour toujours.

« J'entends accorder une bénédiction toute particulière à vous, à vos parents, à vos familles, à vos amis, aux personnes qui vous sont chères et à tout ce qui vous appartient. »

Un élève de l'école de peinture, un de ces jeunes gens que la France envoie chaque année à Rome, pour se perfectionner par l'étude des immortels chefs-d'œuvre réunis dans la ville éternelle, nous écrivait à la date du 6 juin 1862 :

« J'ai assisté, pauvre intrus, à la réception des évêques, dans la galerie des Cartes géographiques. J'éprouvais un extrême désir d'entendre et de voir encore une fois de près le souverain pasteur, ou plutôt l'excellent père dont l'accueil m'avait profondément touché, lorsque, peu de temps après mon arrivée à Rome, j'avais obtenu l'honneur de déposer à ses pieds l'hommage de ma profonde vénération. Tous les prêtres présents à Rome, et il y en avait beaucoup, accompagnaient leurs

évêques dans cette réunion solennelle ; je me joignis à
eux, protégé par M.... que j'ai revu ici avec un plaisir
que je craindrais de ne pouvoir vous exprimer, si vous
ne connaissiez comme moi le charme de son esprit et la
bonté de son cœur.

« Les prélats et leur clergé étaient rangés des deux
côtés de l'immense galerie ; le saint-père en fit deux fois
le tour, s'arrêtant à chaque instant pour adresser à
chacun de bienveillantes paroles et pour donner sa
main à baiser à tous ceux qui se montraient jaloux de
cette faveur. Je m'effaçais un peu derrière M.... et deux
ou trois ecclésiastiques de ses amis. Toutefois, Sa Sainteté m'aperçut, me sourit doucement, comme si elle m'eût
reconnu, ou plutôt comme si elle eût voulu témoigner en
ma personne sa sympathie pour la jeunesse française ,
et elle me tendit une main, sur laquelle je posai mes
lèvres avec une tendresse toute filiale.

« J'étais vivement ému, mon cœur battait à coups
pressés, et une rougeur ardente avait envahi mes joues.
Quand ce trouble se dissipa, Pie IX était déjà loin. Je
m'agenouillai, comme tous les prélats, pour recevoir
sa bénédiction, et je vous envoie un des chapelets que
je tenais à la main, lorsqu'il déclara qu'il voulait attacher à chacun des objets qu'on lui apportait à bénir,
toutes les indulgences accordées par l'Église.

« Hier, 5, j'ai assisté à un spectacle plus émouvant
encore. L'archevêque de New-York devait faire , le soir,
le chemin de la croix au Colisée , et l'évêque de Tulle
devait y prêcher. Persuadé que l'affluence y serait
grande, quoique le temps fût mauvais, je m'y rendis de
bonne heure, et je pus choisir ma place, sur une arcade
peu éloignée de l'autel et de la chaire. Je tenais à jouir

du coup d'œil que présenterait cette vaste arène, jadis
arrosée du sang des martyrs; je tenais à ne rien perdre
des cérémonies du chemin de la croix; mais je tenais
surtout à entendre l'orateur, dont un de mes amis m'a-
vait dit merveilles, après l'avoir écouté à Saint-Louis
des Français.

« Je dus me féliciter d'avoir pris l'avance; car bientôt
la foule envahit le Colisée, et des prêtres, des soldats,
des jeunes gens, appartenant à toutes les nations, se
suspendirent comme une immense guirlande aux ruines
imposantes de l'antique édifice.

« Je ne vous dirai pas tout ce que j'éprouvai pendant
cet exercice du chemin de la croix. Je ne suis pas dévot,
tant s'en faut; je me reproche même souvent de l'être
si peu; mais je suis chrétien, et j'ai été vivement im-
pressionné de ce que cette scène avait de touchant et
de grandiose. Mais cette émotion n'était rien encore, en
comparaison de celle que le discours de l'évêque de
Tulle excita dans tout son auditoire. Les bravos éclatèrent plusieurs fois, quoiqu'il s'efforçât de les conte-
nir; mais lorsqu'il eut fini de parler, d'enthousiastes
applaudissements retentirent. On trépignait, on battait
des mains, des mouchoirs et des chapeaux s'agitaient
en l'air, et des cris divers se croisaient : « Vive Pie IX !
« Vive la religion ! Vive Napoléon ! Vive la France ! »

« L'orateur, inspiré par les souvenirs de l'antiquité,
a été tour à tour magnifique et sublime; pendant plus
d'une heure, il a tenu la foule attentive et frémissante;
car il possède le rare talent d'attacher, de convaincre,
d'éclairer et de remuer tous les cœurs. C'était beau, c'é-
tait grand, et je vivrais cent ans, que je n'oublierais
jamais ce que j'ai ressenti, en entendant un prélat fran-

çais célébrer la puissance de la croix au milieu des ruines du Colisée. »

La canonisation des martyrs du Japon avait été fixée au 8 juin, jour de la Pentecôte. L'avant-veille de ce grand jour, Pie IX reçut dans la chapelle Sixtine tous les prêtres étrangers, au nombre de plus de quatre mille. Sa Sainteté leur exprima, dans un discours simple et paternel, la joie qu'elle éprouvait de les voir réunis, avec leurs évêques, autour de la chaire de Saint-Pierre.

« Nous ne sentons pas seulement nos douleurs s'adoucir, dit le souverain pontife, nous pouvons dire que nous les oublions presque. Si vous entourez en ce moment cette chaire apostolique, c'est par la volonté du Dieu de paix et de concorde, qui a chargé son Église de garder l'unité dans le lien de la paix, afin que les fidèles ne fassent qu'un seul corps et un seul esprit. Dans cette unité résident principalement la gloire des fidèles, l'honneur de l'église et l'épouvante de ses ennemis ; aussi l'Église leur apparaît-elle terrible comme une armée rangée en bataille. Établis dans cette armée, sous vos pasteurs, présidés par le chef suprême, accomplissez ses commandements chacun dans votre rang. Les douleurs de ce temps arrivent afin que les pasteurs se serrent plus étroitement autour de leur chef. Marchez sur leurs traces, demeurez attachés à la chaire apostolique par le triple lien de la prière, de la charité, de la doctrine : de la prière, qui pénètre les nuées, par laquelle nous obtenons la possession de tout bien et la délivrance de tout mal ; de la charité, qui nous fait croître en toutes choses par celui qui est le chef, le Christ, par lequel tout le corps, compact et unifié, grandit et s'élève ; de la doctrine enfin, par laquelle

nous retenons intact le dépôt de la foi, et par laquelle
l'Église, comme inondée de la lumière du Seigneur,
projette ses rayons dans le monde entier.

« Nous traversons des temps bien tristes, et la chaire
de Saint-Pierre est cruellement attaquée. Mais elle est si
solidement fortifiée par Dieu, que la méchanceté héré-
tique ne pourra jamais la corrompre, et que la perfidie
païenne ne pourra jamais la renverser. Toutes les au-
daces de l'impiété incrédule se briseront sur cette
pierre et s'évanouiront comme de vieux rêves et comme
des fables surannées.

« De retour dans vos patries, enseignez ces choses
aux fidèles confiés à votre vigilance; qu'ils soient,
grâce à vos soins, de plus en plus imbus de l'esprit catholique, dont vous avez pu vous abreuver plus pleine-
ment à la source de l'unité; qu'ils sachent que les ruis-
seaux retranchés de la source tarissent; qu'ils sachent
que ceux-là seront couronnés, qui auront légitimement
combattu; qu'ils sachent que tous doivent maintenir
fermement et défendre l'unité de l'Église. Ainsi disposés, et suivant à l'envi les exemples de vos pasteurs,
tenez pour certain que le Dieu très-grand et très-bon
confirmera par la bénédiction céleste ce lien d'unité.
Recevez-en pour gage notre bénédiction apostolique,
que nous vous donnons à tous avec un très-grand amour,
et non-seulement à vous, mais aux fidèles confiés à
votre vigilance, espérant qu'ils retireront des fruits
abondants de votre séjour auprès de nous.

« Et nous vous accordons volontiers cette grâce que,
le jour fixé par votre propre évêque, chacun de vous
tous qui êtes ici rassemblés, venus des divers points du
monde, vous puissiez donner une fois aux fidèles confiés

à vos soins spirituels la bénédiction apostolique, avec application de l'indulgence plénière pour tous ceux qui, purifiés par la confession sacramentelle et nourris de la sainte communion, prieront avec ferveur le Père des miséricordes pour l'exaltation et le triomphe de notre sainte mère l'Église. »

L'assemblée reçut avec autant d'amour que de respect la bénédiction de ce noble et saint vieillard, qui représente si dignement Jésus-Christ, le vrai pasteur de l'Église. L'un des prêtres prosternés sous cette bénédiction ayant entonné la prière : *Oremus pro Pontifice nostro Pio*, quatre mille voix l'achevèrent avec un enthousiasme qui fit verser au souverain pontife des larmes d'attendrissement et de joie.

XIII.

Fête de la Canonisation.

Le 8 juin 1862, Rome présentait le coup d'œil le plus brillant et le plus animé. L'aube blanchissait à peine le sommet des sept collines, que le peuple, en habits de fête, descendait vers la basilique de Saint-Pierre, où le souverain pontife Pie IX, entouré de toutes les pompes de l'Église, devait, en présence des évêques accourus de toutes les parties du monde, décerner les honneurs de la canonisation aux vingt-six martyrs du Japon et au bienheureux Michel de Sanctis.

L'artillerie du château Saint-Ange salua le lever du splendide soleil qui devait éclairer cette fête magnifique, et le son des cloches répondit au bruit du canon.

Sur la façade de la basilique vaticane, une large bannière, voilée, était attachée au grand balcon et repré-

sentait les glorieux martyrs assis sur les nuées du ciel
et goûtant les voluptés saintes que le Seigneur promet
à ses élus. Une série de tableaux, que la foule admirait
depuis plusieurs jours, faisant suite à cette bannière,
racontaient avec art les actions héroïques de ces vaillants athlètes de la foi. Au-dessus de la porte principale, on voyait les vingt-trois crucifiés de l'ordre de
Saint-François; plus loin, les trois disciples d'Ignace
de Loyola, crucifiés aussi et percés d'une lance.

Au pied de ces croix se tenaient l'évêque du Japon,
le roi d'Arima et le seigneur d'Omura, suppliant les
martyrs de se souvenir d'eux dans le ciel.

Au-dessus de la troisième porte, un autre tableau re-
présentait Jésus-Christ mettant son cœur plein d'amour
dans la poitrine du bienheureux Michel de Sanctis.
Chacune de ces peintures était accompagnée de pieuses
inscriptions, que nous voudrions pouvoir retracer.

L'intérieur de l'édifice sacré était orné de tapisseries,
de tentures, de lustres aux mille bougies, de candélabres gigantesques; et du pavé à la voûte, il offrait un
aspect vraiment féerique. Vingt-deux tableaux, dont
plusieurs ont paru très-remarquables, étaient disposés
entre les colonnes des piliers et achevaient de faire
connaître l'histoire des bienheureux que Pie IX allait
désigner à la vénération des fidèles.

On y voyait les deux enfants bénis, Antoine et Louis,
refusant d'écouter les instances de ceux qui voulaient
leur sauver la vie, et courant gaîment au martyre.
Plus loin, saint Jean de Goto, recevant les adieux de
son père, qui l'encourage à mourir avec joie pour Jésus-
Christ. Puis, la rencontre des Jésuites et des Franciscains dans la prison de Méaco; Paul Miki se jetant

dans les bras du père Pierre-Baptiste, et le remerciant de ce qu'à l'ombre des enfants de Saint-François, les religieux de la compagnie de Jésus allaient donner leur vie pour la défense de la foi. Plus loin, Pierre-Baptiste et François de Saint-Michel guérissant les infirmes et les blessés par la vertu du signe de la croix; ici Michel de Sanctis rendant aussi la santé à un malade; là d'autres miracles ou des traits à la louange des pieux martyrs.

Il n'était pas sept heures, quand la tête de la procession, partie de la chapelle Sixtine, en suivant l'escalier Royal, traversa la galerie qui longe le flanc gauche de l'immense basilique, puis la place et la galerie de droite, avant de pénétrer sous le portique de Saint-Pierre.

Le saint-père avait donné le signal du départ, en entonnant l'*Ave, maris stella*. Chacun des assistants, disposés sur deux files, tenait d'une main un cierge allumé et de l'autre un recueil de chants imprimés pour la cérémonie.

Les élèves de l'Hospice apostolique et ceux de l'établissement des Orphelins ouvraient la marche. Immédiatement après venaient les religieux de dix-huit ordres mendiants ou monastiques, puis les chanoines réguliers, les uns et les autres précédés de leurs bannières respectives. Derrière la croix du clergé séculier marchaient les élèves du séminaire romain, le collége des curés et des chanoines, le clergé des églises collégiales, celui des basiliques mineures et patriarcales, enfin le vice-gérant et le cardinal-vicaire, entourés des membres du tribunal.

La Congrégation des Rites précédait les étendards des bienheureux. Le premier, celui de saint Michel de Sanctis, était porté par des membres de l'archiconfrérie

du Gonfalon; quatre Trinitaires déchaussés en soute-
naient les cordons, et six autres religieux du même
ordre marchaient devant cette bannière, en tenant
d'énormes cierges.

Le second, représentant Paul Miki, Jean de Goto et
Jacques Kisaï, était porté par les frères de Sainte-Marie
de la Pitié et ceux de Saint-François Xavier. Quatre
Jésuites en tenaient les glands, et six autres le précé-
daient avec des cierges.

Le troisième étendard, dédié aux vingt-trois martyrs
franciscains, était soutenu par les confrères des Sacrés-
Stigmates; trois Franciscains tenaient les cordons; le
quatrième était porté par le prêtre Rosalio, descendant
du père Martin d'Aguirre ou de l'Ascension, l'un des
martyrs. Cinq autres Franciscains munis de cierges marchaient en avant, et le sixième cierge était entre les
mains d'Eusèbe de Musquiz, frère de Rosalio.

Après les bannières des bienheureux, venaient les
membres de la chapelle papale, en grand costume, les
dignitaires et les chapelains portant les mitres et les
tiares de Sa Sainteté. La croix papale, entourée de
cierges allumés et placée sous la garde de deux officiers
pontificaux, venait ensuite; et devant cette croix, le
prélat doyen de la Signature balançait l'encensoir. Les
abbés mitrés, les évêques, les archevêques, les patriarches, les cardinaux suivaient. Les cardinaux-diacres
portaient la dalmatique, les cardinaux-évêques la chape;
tous avaient la mitre de damas blanc; les évêques, les
archevêques, les patriarches n'avaient que la mitre de
lin.

Les grands officiers du pape, ceux de la garde pala-
dine d'honneur, ceux de la garde suisse, les camériers

et les massiers entouraient le souverain pontife, porté sur la *sedia gestatoria* (chaise à porteur du pape).

Des deux côtés de la chaise, marchaient des flabellaires, agitant des éventails de plumes, et sous un dais magnifique, Pie IX, enveloppé dans les plis du manteau pontifical, bénissait le peuple, agenouillé sur son passage. Sa main gauche, couverte d'un voile de soie, brodé d'or, tenait un énorme cierge allumé.

Au moment où le saint-père entra dans la basilique, déjà remplie d'une foule avide de le contempler, un grand mouvement se fit, et les strophes de l'*Ave, maris stella*, répondant aux chants de la basilique, ne purent couvrir les frémissements de cette foule enthousiaste. Le pape descendit de sa chaise au pied du grand autel, devant lequel il s'agenouilla pour faire sa prière, pendant qu'on déposait dans une chapelle les bannières des bienheureux. Cardinaux, patriarches, évêques, archevêques se prosternèrent en même temps. Pie IX reprit place sur la *sedia gestatoria* et fut porté jusqu'au trône qui lui avait été préparé.

Alors eut lieu la cérémonie de l'obédience : les cardinaux, s'approchant les uns après les autres, baisèrent la main du pape, recouverte des franges du manteau pontifical; les patriarches, les archevêques et les évêques baisèrent la croix de l'étole posée sur son genou; les abbés mitrés et quelques autres personnages lui baisèrent le pied.

Après l'obédience, chacun de ces dignitaires se rendit à la place qui lui était assignée, et la cérémonie de la canonisation commença.

Le cardinal Clarelli s'approcha du trône pontifical,

accompagné d'un maître des cérémonies et d'un avocat consistorial. Tous trois s'agenouillèrent, et l'avocat adressa en latin au saint-père une supplique dont voici la traduction :

« Très-saint père, le révérendissime seigneur cardinal Clarelli, ici présent, demande avec instance que Votre Sainteté inscrive au catalogue des saints de notre Seigneur Jésus-Christ, et ordonne que soient vénérés comme saints, par tous les fidèles du Christ, les bienheureux Pierre-Baptiste, Paul et leurs compagnons, martyrs, et Michel de Sanctis, confesseur. »

Le secrétaire des brefs répondit, au nom du pape, que Sa Sainteté était édifiée sur les vertus de ces bienheureux et sur les miracles par lesquels il avait plu à Dieu de les glorifier; que cependant elle invitait les fidèles à implorer, par l'intercession de la sainte Vierge, des apôtres Pierre et Paul et de toute la cour céleste, les lumières d'en haut, pour le chef de l'Église.

Les Litanies des Saints éclatèrent alors sous les voûtes sacrées. Lorsqu'elles furent achevées, le cardinal Clarelli revint vers le trône, et l'avocat demanda avec *plus d'instance* l'admission des bienheureux au catalogue des saints. Le prélat secrétaire répondit que Sa Sainteté voulait qu'on adressât au ciel de nouvelles prières.

Pie IX s'agenouilla, toute l'assistance en fit autant, puis le saint-père entonna le *Veni Creator*, que les évêques, le peuple et les chantres de la basilique achevèrent ensemble. Alors eut lieu la troisième supplication. L'avocat demanda *avec la plus grande instance* la canonisation des vingt-six martyrs et du bienheureux Michel de Sanctis, et cette fois le secrétaire des brefs répondit que Sa Sainteté, convaincue que cette canonisation serait une chose agréable à Dieu, consentait à en prononcer la sentence définitive.

L'assemblée entière se leva, et Pie IX, demeurant assis sur son trône, prononça en latin le décret suivant :

« En l'honneur de la sainte et indivisible Trinité, pour l'exaltation de la foi catholique et pour l'accroissement de la religion chrétienne, par l'autorité de notre Seigneur Jésus-Christ, des bienheureux apôtres Pierre et Paul, et la nôtre, après avoir mûrement délibéré et souvent invoqué le secours divin, de l'avis de nos vénérables frères, les cardinaux de la sainte Église romaine, les patriarches, archevêques et évêques présents dans la ville, nous décrétons et définissons saints, et nous inscrivons au catalogue des saints : les bienheureux Pierre-Baptiste Martin de l'Ascension, François Blanco, prêtres ; Paul Miki, Jean Soan (dit de Goto), Philippe de Jésus, clercs ; Didace-Jacques Kisaï, catéchiste ; François de Saint-Michel, Gonzalès Garcia, Paul Suzuki, Gabriel de Duisco, Jean Quizuya, Thomas Danchi, François, Thomas Kosaki, Joachim Sakijor (Saccakibara), Bonaventure, Léon Carasumaro, Matthias, Antoine, Louis Ibarki, Paul Yvaniki Ibarki, Michel Kosaki, Pierre Sequezein (ou Sukégiro), Côme Raquisa (ou Tachegia), François Fahélenté, laïques, tous martyrs, et Michel de Sanctis, confesseur ; statuant que leur mémoire devra être rappelée tous les ans avec une pieuse dévotion dans l'Église universelle, savoir : celle de Pierre-Baptiste et de ses compagnons le 5 février, jour où ils ont souffert pour le Christ, parmi les saints martyrs, et celle de Michel le 5 juillet, parmi les saints confesseurs non pontifes. Au nom du Père, et du Fils, et du Saint-Esprit. *Amen.* »

Le cardinal Clarelli s'étant encore une fois approché du trône pontifical, l'avocat remercia en son nom le saint-père et le supplia d'ordonner l'expédition des lettres apostoliques faisant foi de cette canonisation. Pie IX répondit par un seul mot : *Decernimus*, et l'avocat, s'adressant aux protonotaires apostoliques, les pria de dresser les actes que Sa Sainteté consentait à donner. Ils s'y engagèrent, en prenant à témoin les camériers secrets.

Le pape, se levant alors, déposa sa mitre et entonna le *Te Deum*, pendant que le canon du château Saint-Ange et toutes les cloches de la ville allaient porter au loin l'heureuse nouvelle. En même temps la grande bannière, représentant les saints dans la gloire du ciel, était dépouillée de son voile aux acclamations de la multitude qui n'avait pu pénétrer dans l'immense basilique.

Le *Te Deum* achevé, le premier cardinal-diacre chanta le verset : « Priez pour nous, Pierre-Baptiste, Paul et vos compagnons, martyrs, et Michel ! » et le saint-père récita l'oraison des nouveaux canonisés : « Seigneur Jésus-Christ, qui vous êtes dédié les prémices de la foi, chez les peuples du Japon, dans le sang des saints martyrs Pierre-Baptiste, Paul et leurs compagnons, morts du supplice de la croix, à votre imitation, et qui avez fait brûler dans le cœur de saint Michel, votre confesseur, le feu de la charité, accordez-nous, nous vous en supplions, d'être excités par les exemples de ceux dont nous célébrons aujourd'hui la fête solennelle, ô vous qui vivez et régnez dans les siècles des siècles. »

L'acte de la canonisation était terminé ; le souverain pontife célébra le saint sacrifice de la messe, en joignant à l'invocation des saints du jour celle des vingt-six martyrs et du confesseur Michel de Sanctis, dont les noms furent aussi ajoutés au *Confiteor* et à la bénédiction apostolique.

A l'offertoire, les cardinaux de la Congrégation des Rites présentèrent au pape les oblations déposées sur des tables à droite et à gauche de l'autel. Ces oblations consistaient en cinq cierges peints aux armes du souverain pontife et des ordres religieux auxquels appartenaient les nouveaux canonisés. Deux de ces cierges pesaient chacun trente kilogrammes, et les autres six seulement. Deux pains, l'un doré, l'autre argenté, et deux petits barils, décorés comme les pains et contenant l'un du vin, l'autre de l'eau, enfin trois cages renfermant des colombes, des tourterelles et de petits oiseaux, complétaient les offrandes destinées au saint-père.

Cette cérémonie renouvelée des temps anciens a quelque chose de touchant, parce qu'elle rappelle l'empressement avec lequel les premiers fidèles apportaient aux prêtres le pain et le vin destinés au sacrifice; elle remonte même plus haut, puisque l'Évangile dit que Marie et Joseph, présentant au temple leur fils Jésus, offrirent au grand prêtre deux tourterelles.

Après la messe, le doyen du sacré-collége présenta au pape les prélats réunis dans le *presbiterio*; et Sa Sainteté étant rentrée dans ses appartements, la foule s'écoula lentement, tout en regrettant, malgré l'heure avancée, qu'une si belle et si imposante solennité fût déjà terminée.

A ces détails, nous ajouterons les impressions de notre correspondant :

« Je viens d'assister au plus magnifique spectacle, à

la fête la plus splendide qu'il me sera sans doute jamais donné de contempler. Je ne puis assez me féliciter de m'être trouvé à Rome en un pareil moment; je crois même devoir en remercier la Providence; car les émotions que j'ai ressenties sont trop profondes pour qu'elles puissent s'effacer complétement.

« M.... avait eu la bonté de m'obtenir une place dans la tribune qu'il devait occuper avec plusieurs prêtres français; mais, pour y arriver, il ne fallait pas se mettre en retard; car une foule immense se portait vers l'église Saint-Pierre, dont les gigantesques proportions devaient être trop étroites ce jour-là.

« Vous n'avez pas vu cette incomparable basilique; tout ce que vous en avez lu et tout ce que je pourrais vous en dire ne vous en donnerait qu'une idée très-imparfaite. C'est par excellence le chef-d'œuvre de l'art chrétien, le temple le plus digne que la main de l'homme ait pu élever à l'Éternel. J'aime à m'égarer sous ses voûtes, à m'y perdre comme un atome, à m'y agenouiller dans l'ombre; car je sens mieux là qu'ailleurs mon néant, ma faiblesse et la grandeur de Dieu.

« Mais hier, je ne reconnaissais plus l'œuvre de Michel-Ange, et j'avoue, sans vouloir rien critiquer, cependant, que je préfère l'austère nudité de cet admirable monument à la riche décoration, aux tentures, aux tapis, à la soie, au velours dont ces vieux murs étaient revêtus. Mais tout le monde n'est pas de mon avis; car j'ai entendu des cris d'admiration, et j'ai vu la foule en extase devant ces splendeurs.

« Les fenêtres étaient cachées par des rideaux épais, et une certaine obscurité régnait sous les voûtes de Saint-Pierre lorsque j'y pénétrai; mais bientôt commencèrent à briller comme des étoiles dans la nuit les mille et mille bougies des lustres, des candélabres et des cierges qui garnissaient toute la corniche de l'église. On n'évalue pas à moins de dix-huit mille kilogrammes la cire employée à cette illumination. Ne croyez pas cependant que la lumière fût trop prodiguée; la basilique est si vaste, qu'elle demeurait encore plongée dans le demi-jour favorable à la prière et au recueillement. Toutefois il convient de dire que les ondulations de la foule, pareilles au mouvement des flots, que les murmures joyeux étouffés à grand'peine par la majesté du lieu, l'entrée des personnages illustres, dont les places étaient sévèrement gardées, les allées et venues des gardes palatins chargés de maintenir l'ordre, ou des camériers s'empressant autour des invités, formaient un spectacle plus capable d'exciter la curiosité que de porter les âmes à la dévotion.

« D'ailleurs, je n'ai jamais su prier longtemps, et comme j'étais entré à l'église à cinq heures du matin, pour n'en sortir qu'à une heure après midi, je tâchais de ne perdre aucun des détails de la cérémonie dont je m'estimais heureux d'être le témoin. Je vis entrer les ministres des puissances étrangères, les attachés d'ambassade, les consuls et d'autres personnages revêtus de brillants uniformes; puis des trompettes retentirent, et j'entendis annoncer autour de moi l'arrivée du roi et de la reine de Naples. J'aperçus des dames richement vêtues, des officiers, tout un cortége royal; mais je ne pus distinguer ceux que j'aurais le plus désiré voir.

« Peu d'instants après, le chant du *Regina cœli* annonça que la tête de la procession pénétrait sous les voûtes sacrées, et je vis défiler, le cierge à la main, une multi-

tude innombrable de jeunes étudiants, de religieux de
différents ordres, de prêtres et de chanoines, précédant
les bannières des bienheureux qui devaient être canonisés.

« Les Trinitaires entouraient celle du confesseur Michel
de Sanctis ; les Franciscains, celle des vingt-trois martyrs
de leur ordre, et les Jésuites, celle des trois religieux
de leur compagnie. Toutes trois étaient d'une grande
richesse, et se distinguaient par leur ampleur de celles
qui venaient déjà de passer sous mes yeux. La chapelle
pontificale venait après ces étendards ; mes obligeants
compagnons, plus instruits que moi en cette matière
comme en tout le reste sans doute, me nommèrent les
principales dignités dont je voyais les insignes ; mais il
me serait impossible de me les rappeler ; et d'ailleurs
cette nomenclature n'a rien qui puisse beaucoup vous
intéresser.

« Ce qui me frappa le plus dans tout ce cortége, ce
fut le grand nombre des évêques et des cardinaux, portant tous la mitre blanche, soit de damas, soit de lin.
Ces vénérables prélats que j'avais déjà vus réunis presque
tous dans la galerie des Cartes géographiques, lors de
l'audience du saint-père, me parurent entourés d'une
plus grande majesté, dans ce temple admirable, au
milieu de ce peuple et de ces chants.

« Derrière les cardinaux s'avançaient les grands officiers de la cour pontificale, entourant la *sedia gestatoria*,
sorte de chaise, portée sur les épaules des *sediari* et
surmontée d'un dais magnifique. Sous ce dais, Pie IX
était assis, drapé dans les plis du manteau pontifical,
coiffé d'une mitre précieuse ; il tenait dans sa main
gauche, enveloppée d'un voile d'or, un énorme cierge,

et de la droite, il bénissait la foule prosternée. Toutes les pompes que je venais d'admirer, toutes celles qui se déployaient autour du pontife suprême s'effacèrent pour moi devant le noble et radieux visage de l'auguste vicaire de Jésus-Christ.

« Son apparition fut saluée par un mouvement de respect, de joie, d'enthousiasme général. Toutes les têtes s'avancèrent pour l'apercevoir, puis tous les genoux fléchirent, et, toujours bénissant, Pie IX fut porté jusqu'au pied du grand autel. Il descendit de son siége pour faire une courte prière, mais il y remonta et quitta de nouveau la *sedia gestatoria* pour prendre place sur le trône pontifical.

« Là, il reçut l'obédience des prélats, en donnant sa main à baiser aux cardinaux ; puis vinrent les patriarches, les archevêques et les évêques, qui lui baisèrent les genoux, tandis que les abbés mitrés lui baisèrent les pieds.

« Ici l'attention redoubla, car la cérémonie de la canonisation allait commencer. Le cardinal postulateur et deux assistants se présentèrent par trois fois devant Sa Sainteté, pour lui demander chaque fois avec de plus grandes instances de bien vouloir admettre au nombre des saints les martyrs du Japon et le bienheureux Michel de Sanctis. Pie IX ayant ordonné au clergé et au peuple d'invoquer pour lui les lumières du ciel, les Litanies des Saints, puis le *Veni Creator* furent chantés avec un tel ensemble, avec un si vif élan de foi et de confiance, par des milliers de voix, que mon cœur se prit à battre fortement et que mes yeux se mouillèrent de larmes.

« Après le *Veni Creator*, Pie IX se leva et déclara qu'éclairé par un rayon d'en haut, il croyait faire une chose agréable à Dieu en inscrivant ces bienheureux au rang des saints, et il prononça d'une voix haute et ferme la formule d'usage en pareil cas.

« La foule répondit : *Amen.* Aussitôt le canon du fort Saint-Ange et toutes les cloches de la ville retentirent, pendant que le saint-père entonnait le *Te Deum.*

« Je ne sais combien de temps il me reste à vivre ; mais je n'entendrai jamais rien d'aussi beau que ce *Te Deum.* Ces torrents d'harmonie, roulant sous les voûtes sacrées, me transportaient d'une allégresse inconnue, et, sans y songer, sans le savoir, je joignais ma voix à ces accents partis du cœur de la multitude. Je ne sais comment cela se fit, mais je retrouvai dans ma mémoire toutes les notes et toutes les strophes de cette belle hymne, que j'avais beaucoup aimée, lorsque, tout enfant, je servais à l'autel le bon curé de mon village, mais que j'avais depuis complétement oubliée.

« Autour de moi, tous les yeux étaient humides, tous les visages resplendissaient, et l'on eût dit que le Seigneur, entr'ouvrant les cieux, avait laissé tomber sur le peuple rassemblé dans ce temple auguste un rayon de la joie qu'il réserve à ses élus. Quand les derniers accords de ce chant divin s'éteignirent dans les profondeurs de la basilique, je serrai les mains de M..., pour le remercier des émotions que je lui devais. « Quelle « fête ! me dit-il, et quels souvenirs ! Que je dirais vo-« lontiers aujourd'hui : *Nunc dimittis servum tuum, Do-« mine....* »

« Oui, il eût été doux pour ce saint homme, dont la carrière n'a été qu'une longue suite de travaux et d'actes de charité, de mourir au milieu de ces transports ; mais moi, qu'ai-je fait pour que la pensée de la mort me paraisse rassurante? Par quelles œuvres ai-je mérité la récompense dont cette pieuse allégresse me semblait être un avant-goût? A ces questions que je m'adressai, je n'osai répondre, et pendant toute la messe, célébrée par le saint-père, je réfléchis plus que je n'admirai. Ma curiosité s'en était allée, tant il est vrai qu'il y a dans les grandes solennités religieuses quelque chose qui parle à l'âme encore plus qu'aux yeux.

« La messe papale réunit toutes les pompes du culte; mais elle ne me parut différer beaucoup des messes pontificales que j'ai souvent entendues qu'au moment de l'offertoire. Deux pains et deux barils contenant de l'eau et du vin furent présentés au saint-père. Pains et barils étaient argentés, dorés, et portaient les armoiries du saint-siège. Il y avait aussi des cierges et des cages renfermant des tourterelles et des oiseaux.

« Après la messe, Pie IX a donné la bénédiction apostolique, et la grande cérémonie de la canonisation a été terminée. L'attention vivement excitée nous avait empêchés de sentir la fatigue; mais, en sortant de Saint-Pierre, nous étions brisés, plus encore par les émotions éprouvées que par la longueur de l'attente et les efforts que nous avions faits pour qu'aucun des détails de cette belle fête ne nous échappât.

« Cependant, après avoir pris un peu de nourriture et de repos, je retournai à l'église que je venais de quitter; car je tenais beaucoup à examiner les tableaux qui en complétaient l'ornementation. J'en avais entendu dire par mes condisciples beaucoup de bien et beaucoup de mal, et j'avais voulu les voir en place pour les bien juger.

« Plusieurs m'ont paru très-remarquables; et si

d'autres sont médiocres, il me semble toutefois qu'ils ont été jugés bien sévèrement. En somme, ils produisaient un bon effet et captivaient les regards des visiteurs plus encore que les magnifiques draperies et les splendides étoffes qui les avoisinaient.

« Il devait y avoir le soir de grandes illuminations aux abords du pont Saint-Ange, aux couvents des Franciscains, des Jésuites et des Trinitaires ; tout était disposé pour que cette dernière partie de la fête répondît à la première ; mais un orage survint et empêcha la foule de jouir de ce brillant coup d'œil.

« Mais pour moi la fête était complète, même sans l'illumination. Je suis encore aujourd'hui sous le charme des émotions qu'elle m'a causées, et elles me semblent si nouvelles et si douces, que je voudrais les garder toujours. »

Le lundi de la Pentecôte, un consistoire semi-public, auquel assistèrent tous les évêques présents à Rome, eut lieu au Vatican, et, à l'issue de cette séance, Pie IX fit asseoir à sa table tous les princes de l'Église. Le couvert avait été dressé dans la Bibliothèque vaticane, une des merveilles de ce palais rempli de merveilles. Le souverain pontife en fit les honneurs avec la grâce et la bonté qui s'allient dans sa personne à une incomparable majesté.

Après le banquet, qui rappelait par sa simplicité les agapes chrétiennes, Pie IX descendit dans les jardins, s'entretint avec ses convives, écouta tous ceux qui avaient à lui parler, et reçut, avec leurs adieux, l'hommage de leur vénération, de leur reconnaissance, de leur inaltérable attachement.

Plusieurs médailles ont été frappées en souvenir de la

canonisation des vingt-six martyrs du Japon. Parmi les inscriptions commémoratives de cette grande solennité, nous citerons celle du cardinal Jérôme d'Andréa :

« Le cinquième des ides de juin (9 juin) 1862. Que ce soit pour la félicité, l'avantage et le bonheur de notre sainte religion !

« A PIE IX, AU PONTIFE SOUVERAIN,

« *Très-pieux protecteur, qui enrichit l'univers catholique.*

« Le jour heureux de la descente du Saint-Esprit, dans le temple du Vatican, il a, entouré de nos pères les cardinaux et les évêques, au nombre de deux cent soixante-dix, devant une immense foule remplie d'allégresse, au milieu des pompes les plus augustes, inscrit au catalogue des saints vingt-six martyrs invincibles, crucifiés pour la foi de Jésus-Christ dans l'empire japonais, et Michel de Sanctis, gloire de l'Espagne, attaché depuis sa plus tendre enfance à la pratique de la vertu, qu'il a continuée pendant toute sa vie.

« Après avoir comblé des témoignages de sa bienveillance paternelle les évêques venus à Rome de tous les points de l'univers, pour une si grande joie, il leur a donné à chacun une grande médaille d'argent, représentant la basilique d'Ostie relevée de ses ruines. Et aujourd'hui, avec le sénat sacré des Pères revêtus de la pourpre, il les a tous conviés, dans la grande galerie de la Bibliothèque vaticane, à des agapes chrétiennes.

« Jérôme d'Andréa, cardinal de la sainte Église romaine, évêque de Sabine, en son propre nom et au nom de ses frères, applaudit du fond du cœur et félicite le grand pontife. Il supplie le Dieu éternel, dont la providence est infinie, de conserver longtemps au peuple chrétien le pontife sacré, et de permettre que tous nous puissions, avec ce père bien-aimé, célébrer le triomphe obtenu sur les cruels ennemis de la religion, répandus dans tout l'univers, et nous asseoir pour jamais au festin de l'Agneau, au milieu des concerts célestes, le front ceint de la couronne éternelle. »

FIN.

TABLE.

—

FIN DE LA TABLE.

Rouen. — Imp. MÉGARD et Cie, rue Saint-Hilaire, 136.